档案信息化建设与创新服务研究

黄嘉颖　王冬莹　著

中国商业出版社

图书在版编目（CIP）数据

档案信息化建设与创新服务研究 / 黄嘉颖，王冬莹著. -- 北京 : 中国商业出版社，2023.11
ISBN 978-7-5208-2671-6

Ⅰ. ①档… Ⅱ. ①黄… ②王… Ⅲ. ①档案工作 - 信息化建设 - 研究 Ⅳ. ① G270.7

中国国家版本馆 CIP 数据核字 (2023) 第 201839 号

责任编辑：陈　皓
策划编辑：常　松

中国商业出版社出版发行

（www.zgsycb.com 100053 北京广安门内报国寺 1 号）

总编室：010-63180647　编辑室：010-83114579

发行部：010-83120835/8286

新华书店经销

定州启航印刷有限公司印刷

*

710 毫米 ×1000 毫米　16 开　17.25 印张　230 千字

2023 年 11 月第 1 版　2024 年 1 月第 1 次印刷

定价：98.00 元

* * * *

前言

档案管理对于企业的运营、决策和发展起着至关重要的作用。相较于传统的纸质存储方式，数字化信息在查询、读取和保存方面具有显著优势，因此实现档案的信息化已成为档案管理的必然趋势。随着信息技术的迅猛发展和广泛应用，企业档案信息化建设与服务创新已然成为一个重要课题。

加快档案信息化建设不仅是我国信息化建设的要求，而且是加强档案规范管理、实现档案管理科学化以及提供社会化档案信息服务的迫切需求。在此背景下，企业作为参与社会活动的重要主体，应完善档案信息化基础设施，加快档案数据库和数字档案室等关键设施的建设进程，提升自身经营管理效率。

本书共八章。第一章绪论，包括档案基本知识、档案工作概述、信息化发展背景等内容。第二章档案信息化建设的基本解析，包括档案信息化建设概述、我国档案信息化建设的历程等内容。第三章档案信息化建设的主要内容，包括档案信息化基础设施建设、档案信息化信息资源建设、档案信息化应用系统建设、档案信息化标准规范建设、档案信息化保障体系建设等内容。第四章企业档案信息化建设的基本思路，包括企业档案信息化建设的概念与原则、企业档案信息化建设的目标与规范、企业档案信息化建设的特点与任务、企业档案信息化建设的架构与流程等内容。第五章企业档案信息化建设的具体实施，包括企业文书档案信息化建设与管理、企业科技档案信息化建设与管理、企业声像档案信息化建设与管理、企业电子档案的管理与开发利用等内容。第六章信息化背景下企业档案创新服务基础，包括企业档案服务概述、信息化背景下企业档案服务工作、信息化背景下企业档案创新服务策略等内容。第七章信息化背景下企业档案创新服务路径，包括信息化背景下企业档案创新服务之集成服务、信息化背景下企业档案创新服务之知识服务、信息化背景下企业档案创新服务之共建共享等内容。第八章是企业档案信息化建设与创新服务理性思考，包括企业档案信息化建设与创新服务面临的瓶颈、企业档案信息化建设与创新服务的解决措施、企业档案信息化建设与创新服务的前景展望等内容。

本书由黄嘉颖、王冬莹共同编写完成。其中，第一章至第三章及第八章由黄嘉颖编写，共约 10 万字；第四章至第七章由王冬莹编写，共约 10 万字。在编写本书过程中，编写者参考了很多专家、学者的研究成果，在此表示真诚的感谢。

由于水平所限，书中难免存在不足之处，恳请读者批评指正。

目 录

第一章

绪　论

第一节 档案基本知识

一、档案的含义

档案是机关、团体、企业事业单位和其他组织以及个人在社会活动中创造的具有保存价值的历史记录。这些记录的形式可以是文字、图表、声像等。也就是说，档案是相关主体在社会实践活动中创造的一种原始的历史记录，是具有保存价值的各种形式的资料。

这一含义主要体现了以下几个方面的内容。

（一）档案产生的主体

档案产生的主体主要有两种，即组织机构和个人。组织机构包括政府部门、企事业单位、社会团体等，它们在执行公务或业务活动中产生的各类文件、记录等，是档案的重要组成部分。个人档案则是个人在其生活、工作、学习等活动中产生的各类文件、记录等，如个人学习成绩、职称信息、突出贡献等。这些档案既有历史价值，又有法律价值。

（二）档案的来源

档案的来源通常与其产生的主体相关。政府部门产生的档案主要来源于各类公务活动，如政策制定、行政决策、公共服务等。企事业单位的档案主要来源于其运营管理、产品研发、市场营销等活动。社会团体的档案主要来源于其组织活动、成员管理、项目实施等活动。个人档案的来源主要是个人的日常生活、工作、学习等活动。

（三）档案是保存备查的文件

档案涵盖了极为广泛的信息，这些信息不仅记载了特定组织、个人或事件的活动，而且在一定程度上被认为具有权威性和法律效力。档案包括各种形式的文件，如手稿、报告、照片、录音、视频等，这些都是组织机构或个人进行事务或活动的记录。档案的保存备查主要是为了满足行政需求、法律要求或历史研究。档案对于验证事实、证明权利和义务、记录历史事件等方面具有重要价值。因此，档案需要通过科学的管理方法进行组织、保护和存储，以便在需要时可以方便地检索和使用。

档案与文件之间有着十分紧密的联系，档案是由文件材料有条件地转化而来的。这一转化过程需要满足以下三个条件。第一，办理完毕。办理完毕的文件才能作为档案保存，也就是说，已经完成处理的文件才能被视作档案进行保存，而正在进行处理中的文件在某种程度上并不构成档案。实际上，办理完毕是相对而言的，主要是指完成了文书处理程序，而并非指将文件中的一切事务全部办理完成。第二，具有持久价值。文件在创作和使用的过程中，可能并未被设计成用于长期保存或备查，但它们的内容、形式和上下文关系可能被认为具有持久的价值。因此，当文件的使用期限结束或完成其原始目的后，一些文件会通过特定的评估和选择流程，被确定为具有长期保存的价值，从而转化为档案。第三，按一定规律集中保存。人们会采取适当的管理制度和设施来保护转化为档案的文件，防止其遗失、损坏或被非法访问，同时也会保证其可以被有效地检索和使用。这个过程一般涉及档案分类、编目、存储、保护、检索等多个环节。

可见，档案与一般文件相比具有一定的独特性，主要表现在记录性和原始性两个方面。一般来看，档案并不同于常规的历史遗物或文献资料，它是历史的记录者，其内容直接反映了产生档案的组织机构或个人在特定时间内的活动，具有很强的记录性。同时，档案还是特定的、在当时被直接使用的文件的转化物，而非后期编纂或外部收集的资料，具有很强的原始性。

《中华人民共和国档案法》规定，机关、团体、企业事业单位和其他组织应当确定档案机构或者档案工作人员负责管理本单位的档案，并对所属单位的档案工作实行监督和指导。

二、档案的价值

档案的价值一般包括凭证价值、参考价值、研究价值，如图 1-1 所示。

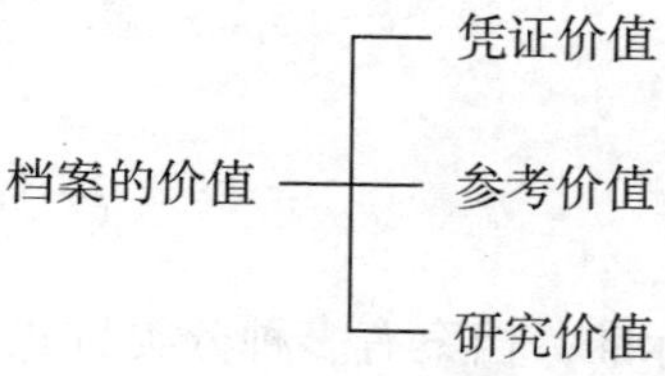

图 1-1 档案的价值

（一）凭证价值

档案具有不可替代的凭证价值。从档案形成的过程与结果来看，由于档案是在事实发生时生成的，其内容具有原始性和真实性，因此它们是证明历史事件真实性的重要依据。无论是法律纠纷、行政管理还是企业运营中的决策制定，档案都可以作为权威的证据。同时，从档案本身的物体形态来看，档案保留着真切的历史标记，其完整性和系统性，也使它们可以有效地证明各类行为的连续性和全面性。

（二）参考价值

档案的参考价值主要体现在其对当前事务管理和决策的指导作用上。档案记录了过去的经验和教训，可以供现在和未来的管理者参考，避免重复过去的错误，获取成功的经验。此外，档案的参考价值还体现在其能够提供丰富的信息资源（信息资源的定义、主要特点、常见基本类型见第三章第二节），对于企业战略规划、市场研究等领域具有重要的参考作用。

（三）研究价值

档案是历史研究的重要基础，其研究价值主要体现在历史研究和学术研究方面。档案以其独特的原始性和真实性，为历史研究者提供了独一无二的研究材料。不仅如此，档案还对社会科学、自然科学等学科的研究具有重要的推动作用，能够帮助研究者深入研究和理解历史与现实中的各种复杂现象。

三、档案的分类

根据不同的分类标准，档案有多种分类方式。按照形态划分，档案可以分为纸质档案、电子档案、影像档案等。按照性质划分，档案可以分为公文档案、会计档案、科技档案等。按照保管期限划分，档案可以分为永久性档案和定期销毁档案。按照来源划分，档案可以分为组织机构档案和个人档案。每种分类方式对应不同的管理方法和利用方式。

（一）按照形态划分

1. 纸质档案

纸质档案是最传统的档案形态，由纸张作为载体，包含了文字、图像等信息。纸质档案是历史上最早的档案形态，其保存的历史信息非常丰富，这些信息涵盖了社会生活的各个方面。然而，纸质档案的保存环境要求较高，需要避免湿度、温度等因素对档案的损害。同时，纸质档案的搬运、查找也相对复杂。

2. 电子档案

电子档案是随着信息技术的发展而产生的新型档案形态，其以电子形式保存各类信息。电子档案具有查找便捷、存储高效、易于远程访问等优势。然而，电子档案也面临着数据丢失、数据安全等问题，需要有效的技术手段和管理措施进行保障。

3. 影像档案

影像档案是以影像为载体的档案，主要包括照片、影片、录像带等。影像档案能够直观地展示历史事件或现象，是一种重要的历史记录。然而，影像档案的保存也面临着一些挑战，如怎样有效地防止影像的褪色、损坏等。

（二）按照性质划分

1. 公文档案

公文档案主要是指政府机构、企事业单位在行政管理、经济活动、社会服务等方面形成的各种公文记录。这类档案通常由法令、决议、报告、通信、会议纪要等构成，反映了组织在执行其职责过程中的决策情况和活动内容。公文档案具有高度的历史价值和法律效力，是社会历史发展的重要见证，同时也是政府决策的依据和公众监督的重要工具。

2. 会计档案

会计档案主要是指企业或其他组织在财务管理活动中形成的各类会计资料，如会计账簿、凭证、报表等。这类档案是反映企业经济活动和财务状况的重要资料，具有很高的参考价值和法律效力。会计档案的管理和保存，对于保障企业经济秩序、维护投资者和社会公众的利益等方面具有重要意义。

3. 科技档案

科技档案是指科研机构、高校、企业等在科学研究和技术开发活动中形成的各类科技资料，包括研究报告、实验数据、技术标准、专利文献等。科技档案是科技进步和创新活动的重要载体，具有极高的研究价值和实用价值。科技档案的管理和开放使用，对于推动科技创新、提高科研效率、保护知识产权等方面具有重要作用。

（三）按照保管期限划分

1. 永久性档案

永久性档案是指那些具有持久价值、需要无限期保存的档案。这类档案的内容通常具有重大的历史、科学、艺术或法律价值，是社会历史文化遗产的重要组成部分。例如，重大历史事件的原始记录、重要科研成果的研究报告、珍贵艺术作品的创作资料等，都属于永久性档案。这类档案的保存和管理，对于维护社会历史记忆、推动科学研究、保护文化遗产等方面具有重要意义。

2. 定期销毁档案

定期销毁档案，又称为临时性档案，是指那些只在一定期限内具有使用价值的档案。这类档案的内容通常与日常业务处理、短期决策等有关，如日常通信记录、临时工作报告、会议记录等。定期销毁档案在其保管期满后，如果没有再被使用的可能或需求，可以进行合规的销毁处理。这种销毁过程需要严格遵循相关规定和政策，以确保信息安全和遵法合规。同时，定期销毁档案的管理，也有助于提高档案存储效率、优化档案资源配置。

（四）按照来源划分

1. 组织机构档案

组织机构档案是指各类组织机构在其活动过程中形成的档案。这类档案通常反映了组织机构的组织结构、功能职责、业务活动、决策过程等信息，具有较强的权威性和代表性。例如，政府机关的政策文件、企业的业务报告、学校的教学研究记录等，都属于组织机构档案的内容。这类档案的保存和管理，对于维护组织机构的历史连续性、保障业务运行的合规性、支持决策管理的科学性等方面具有重要作用。

2. 个人档案

个人档案是指个人在其生活、学习、工作等活动过程中形成的档案。这类档案通常反映了个人的身份信息、技能、成长经历、思想观点等信息，具有较强的个性化和私人性。例如，个人的学历证书、工作履历、日记信件、创作作品等，都属于个人档案的内容。这类档案的保存和管理，对于记录个人的生活轨迹、展示个人的成长历程、传承个人的精神财富等方面具有重要意义。同时，由于涉及个人隐私等敏感信息，个人档案的管理需要特别注重隐私保护和信息安全。

第二节 档案工作概述

一、档案工作的主要内容

档案工作是一种系统性的活动，主要涉及档案的收集、整理、鉴定、保管、检索、编研和利用等内容。档案工作的目标是确保重要信息的保存，并在需要时能够有效地检索和使用这些信息。本节将对档案工作进行概述，并着重对企业档案工作加以说明。

（一）档案收集

档案收集是档案工作的初级阶段，涵盖识别、收集和接收具有历史、法律或行政价值的文件和记录。这项工作需要对产生档案的活动有深入的理解，以确保所有重要信息都得到妥善保管。

文件归档是档案收集工作的重要内容。传统的文件归档主要涉及的操作流程如图 1–2 所示。

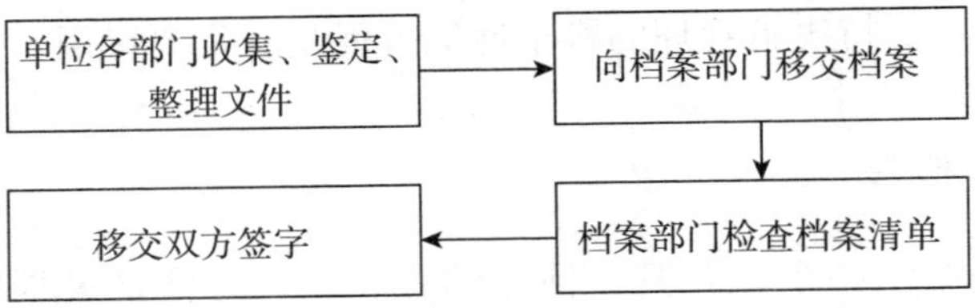

图 1–2　文件归档流程图

在企业当中，按照归档制度接收其内部各部门移交的文件是企业档案部门收集工作的基本形式。企业档案部门应采用多种收集方法，全面、有效地开展收集工作。从收集形式上看，企业档案部门应将收集工作与计划管理相结合、收集工作与利用服务工作相结合、接收归档与现场收集相结合、随时收集与集中收集相结合。从收集手段上看，企业档案部门应以接收归档为重心，以征集、征购、购买、代存等为补充。一般情况下，企业档案的收集方法主要表现在以下几个方面：第一，本企业业务职能部门移交的文件归档；第二，外企业转让或移交的文件归档；第三，企业人员在非物质活动中形成的档案寄存、捐赠或转让。企业人员在非物质活动中形成的一些资料，特别是科技发明，虽然是个人档案，但对本企业的生产经营活动也有一定的价值。

为做好档案收集工作，企业档案部门应做好档案内容的登记。常见的档案内容登记表如表 1–1 所示。

表 1-1 档案内容登记表

类别： 编号：

档案号	档案内容	备注

（二）档案整理

档案整理涉及对收集的档案进行分类、编目、描述和索引等工作，以便于后续的管理和检索。整理的过程需要对档案的内容、来源和结构有清晰的理解，并遵循一定的档案管理原则和标准。

在企业当中，档案整理工作主要通过以下两个阶段来完成。

第一阶段，文件材料归档前的整理，是由文件材料的形成部门，在本企业档案部门的指导下所进行的整理。其主要内容是对归档文件材料进行鉴别，确定文件材料归档范围，同时，将文件材料组成案卷，并进行基本的编目工作。文件材料的整理由产生部门负责，这确保了对文件材料的初步整理工作能够在其产生环境中进行。在这个阶段，企业档案部门的关键任务是指导产生部门对文件材料进行鉴别，以确定是否符合归档的要求，并进一步界定其归档范围。在这个过程中，合理的编目工作能够为后续的档案管理和检索提供有力的支持。

第二阶段，在文件材料归档后，由本企业档案部门独立进行档案整理。其主要内容包括对已归档的档案案卷进行科学的分类、排列和编制档案号。在这一阶段，企业档案部门不仅要对档案进行科学的分类和排列，以确保档案的组织结构清晰和档案文件的有序性，还要编制档案号——这是档案管理中非常重要的一项工作，能够为档案的检索和溯源提供准确的标识。通过这些整理工作，企业档案部门能够有效管理企业的档案资料，并可以提供便捷的访问和利用服务。

（三）档案鉴定

档案鉴定是识别档案保管价值的过程，以确定档案的保管期限以及是否具有历史研究价值。鉴定工作需要对档案的内容、法律状态、行政价值和历史价值等进行全面评估。

对于企业而言，档案鉴定就是根据统一的鉴定原则和标准确定不同的保管期限，把需要长远保存的档案妥善保存起来，选出不需要保存和已过保管期限的档案予以销毁。鉴定工作直接决定档案的存毁与否，是档案管理中非常重要同时也是难度较大的一项工作。企业档案部门在进行档案鉴定时，不仅要全面考察档案的价值，还应从发展的眼光估计和预测档案在未来的作用。另外，经济效益和社会效益也是进行档案鉴定的重要考量因素，由于企业保管档案需要人力、财力和物力的支持，其保管期限越长，产生的费用也就越高。因此，企业档案部门在进行档案鉴定时，要综合考虑多方面因素的影响。一般情况下，企业档案的鉴定工作要经历确定归档范围、确定保管期限、档案价值（定期）复审与销毁无价值档案等流程，如图 1-3 所示。

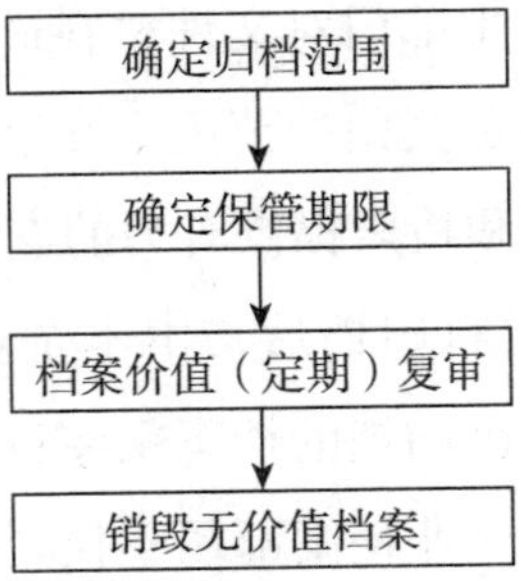

图 1-3　企业档案鉴定工作流程图

值得注意的是，不同种类的档案在鉴定过程中，有着不同的标准和依据。例如，文书档案的鉴定以其来源、内容、文种、形成时间为主要鉴定标准；科技档案的鉴定则以科技活动项目的性质、档案的利用需要和利用率等作为鉴定依据。

（四）档案保管

档案保管涵盖了档案的存储、保护和管理等工作，以防止物理破坏、信息丢失和非法访问。档案保管工作需要提供适当的环境条件，实施有效的安全控制，并定期对档案的状况进行检查和维护。

在企业当中，档案保管工作主要是根据企业档案的性质和状况，对档案进行日常的管理和安全防护。它主要涉及档案库房的管理、档案流动过程中的保护以及保护档案的专门措施三个方面的内容，如图 1-4 所示。

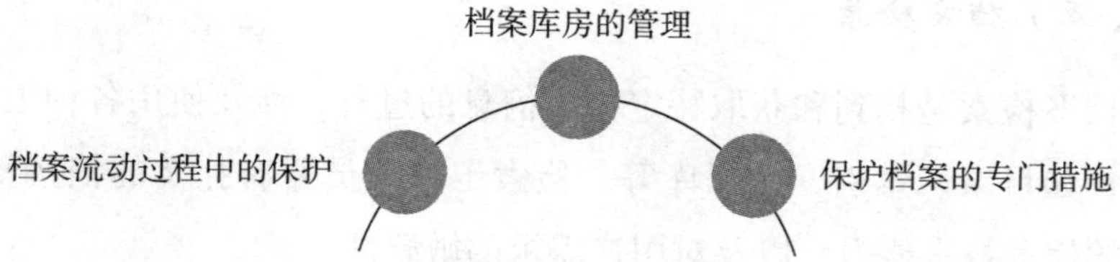

图 1-4 档案保管工作的主要内容

1. 档案库房的管理

档案库房的管理是企业档案保管的基础，其中包括档案库房的选址、建设和管理。企业档案部门在进行档案库房的选址时，需要考虑地理位置、环境条件和安全性等因素，以确保档案的长期保存和防灾防损。企业档案部门还应在建设和管理方面遵循相关标准和规范，包括库房的布局设计、温湿度控制、防火防盗设施、灾害应急预案等，以确保档案的安全性和完整性。

2. 档案流动过程中的保护

企业档案部门应建立健全的档案流转制度和管理流程，制定借阅规则和权限管理机制，以确保档案的准确性和安全性。此外，企业档案部门应采用适当的包装和封装方式，使用防护性的文件袋、盒、标签等工具，以有效地防止档案在流动过程中的损坏或丢失。

3. 保护档案的专门措施

企业档案部门应定期进行档案的检查、鉴定和整理，以确保档案的完整性和可读性。同时，企业档案部门还应建立档案的备份和数字化存储，保证档案的备份和复原能力，以应对突发情况和灾害事件。此外，企业档案部门应制定一套档案保密政策和权限管理制度，以确保档案的机密性和隐私保护。

（五）档案检索

档案检索是找到和获取特定档案信息的过程，涉及使用各种工具和技术，如目录、索引、数据库等。检索工作人员要有扎实的档案知识、良好的信息技术能力，以及对用户需求的敏感性。

在企业当中，企业档案检索工作是企业档案部门为满足利用者的需求，编制检索工具，建立检索体系，并协助利用者查找档案的一项重要活动。它是档案信息资源开发的关键环节，旨在为档案的有效利用创造必要条件。企业档案检索是指根据特定方式和途径，将企业档案中各种信息利用起来，从馆（室）藏中提供服务给利用者的工作。这一工作的实施依托于企业档案检索体系的建立和利用。首先，企业档案信息检索体系的建立，涉及对企业档案所蕴含的信息进行加工和存储，编制各种检索工具。企业档案部门要按照一定的标准和规则，对档案内的信息进行整理、分类和编目，以便于后续的检索和利用。通过建立档案目录、档案索引、主题词表等检索工具，企业档案部门可以有效地组织和呈现档案信息，为利用者提供便捷的检索途径。其次，企业档案信息检索体系的利用，涉及根据利用者的需求，采用适当的检索工具，以多种途径、多个角度进行企业档案的查找和利用。企业档案部门要根据利用者的要求，运用不同的检索工具和方法，如关键词检索、时间范围检索、文件类型检索等，从档案馆（室）的藏品中提取相关档案，并提供相关服务。通过灵活的检索方式和定制化的服务，企业档案部门可以满足利用者对企业档案的需求，促进信息的获取和利用。

（六）档案编研

档案编研是指在研究档案和社会需要的基础上，按照一定的题目、体例和方法编辑档案文献的活动。档案编研工作，可以满足更多利用者的利用需求，让档案信息以编研成果的形式长期流传下去，并延长档案原件的寿命。

在企业当中，企业档案编研工作是指对企业档案进行整理、编纂和编辑的过程，以确保档案材料的有序性和系统性，方便后续的利用和管理。该工作的基本流程一般包括拟订方案、确定主题、选择素材、编排加工和审核批准，如图 1–5 所示。

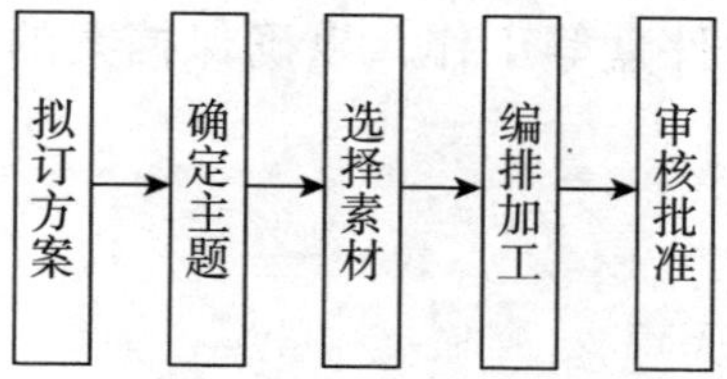

图 1–5　档案编研工作流程图

1. 拟订方案

拟订方案是企业档案编研工作的起点。在这一阶段，档案编研人员根据工作的目标和需求，制订出详细的工作方案和时间计划。方案中会明确工作的范围、目标、方法、流程以及参与人员的职责和任务分工，以确保工作的有序进行。

2. 确定主题

在这一阶段，档案编研人员根据企业档案的特点和要求，确定编研工作的主题和内容。主题可以根据档案的时期、业务范围、组织机构结构等进行划分，以便对档案材料进行有针对性的整理和编排。

3. 选择素材

选择素材是企业档案编研工作的重要环节。在这一阶段，档案编研人员根据主题和内容的要求，从企业档案中筛选出符合条件的素材和资料。素材的选择需要考虑其与主题的相关性、自身完整性和可读性，以确保所选素材能够准确反映企业的历史活动。

4. 编排加工

编排加工是将所选素材进行整理和编辑的过程。在这一阶段，档案编研人员根据工作方案和要求，对素材进行分类、整理和编排，使其符合编研工作的标准和规范。编排加工包括对档案材料的排序、编号、分类、整理文件夹和文件盒等工作，以确保档案的组织结构和信息的连贯性。

5. 审核批准

经过编排加工的档案材料会经过专业人员的审核和质量检查。审核的目的是确保档案材料的准确性、可靠性和合规性。一旦通过审核，档案编研工作的成果就会被批准并得到认可，成为正式的企业档案资源。

（七）档案利用

档案利用是将档案作为信息资源进行使用的活动，包括提供查阅服务、支持行政决策、进行历史研究以及推动经济、教育、文化发展等。档案利用工作旨在最大限度地发挥档案的价值，同时也要确保档案的安全性和完整性。

档案主要的利用方式包括档案阅览服务、档案外借服务、档案复制服务、档案目录服务、制发档案证明等。其中，档案阅览服务是指用户在指定的档案阅览室内对档案文件进行查阅和研究。通过档案阅览服务，用户可以直接接触到原始档案文件，深入了解其内容和背景信息，从中获取所需的知识和资料。在档案外借服务中，允许用户借阅档案文件或档案资料，以便在特定的时间和地点进行研究和使用。这种方式适用于需要更长时间或更深入研究的用户，便于他们在自己的工作环境中进行档案资料的利用。档案复制服务是指将档案文件进行复制，以便用户可以获取档案的副本进行使用。它一般包括数字复制、影印、扫描或数字化处理等方式，以满足用户对档案资料的多样化需求。档案目录服务是指提供档案目录和检索工具，以帮助用户快速找到所需的档案信息。通过提供详细的档案目录和索引，用户可以根据特定的主题、时间范围或关键词进行检索，准确地找到所需的档案资料。制发档案证明是指根据用户的需求，根据档案文件提供相应的证明和鉴定服务。它一般包括提供证明信、档案复印件、电子证书等形式的证明文件，用于用户的法律、行政或其他目的。这些利用方式为用户提供了多样化的档案信息利用途径，可以满足不同用户的需求。通过合理规划和提供这些利用方式，档案管理部门可以更好地促进档案资源的共享和利用，推动档案管理的现代化和信息化发展。

二、档案工作的基本性质

（一）管理性

档案工作是一种管理活动，这是其最基本的性质。档案工作涵盖了档案的采集、分类、保存、调用、处置等一系列管理活动，旨在保证档案的完整性、安全性以及其对社会各方面的可用性。档案工作的管理性体现了档案工作对法律法规的遵从，如依据相关法律法规对档案进行定期的审计和保管。

通过规范的管理流程和制度，档案管理人员能够对档案资料进行有效的组织、保护和利用，使其成为有序、可管理的信息资源。

（二）服务性

档案工作是为社会服务的，其目标是将档案资料充分利用，以满足政府、企事业单位、研究机构以及个人等不同主体的需求。档案工作应满足对历史的研究、对决策的参考以及对公众的教育等多种需求。

档案工作在支持历史研究方面发挥着重要作用。通过对档案资料的整理、编目和保护，档案管理部门可以为历史研究人员提供宝贵的原始资料和证据。历史研究人员可以通过访问和利用档案，深入研究过去的事件、人物和社会变迁，从而推动历史学科的发展和人类对历史的认知。

档案工作在决策参考方面具有重要作用。政府和企事业单位在制定政策和决策过程中需要准确的信息和可靠的数据支持。档案管理部门可以提供准确、完整的档案资料，为决策者提供参考依据和背景资料，帮助他们作出明智的决策，从而推动社会的发展。

此外，档案工作还具有公众教育的重要作用。通过向公众提供查询服务和开展档案展览、教育活动等形式，档案管理部门可以向社会大众传播历史知识、文化遗产和社会发展的重要信息。这有助于提高公众的历史意识、文化素养和社会责任感，促进社会的文明进步和人类社会的可持续发展。

（三）机要性

由于档案信息常常涉及国家安全、企业商业机密或个人隐私等敏感信息，因此档案工作具有很强的机要性。档案工作者需要严格遵守法律法规和职业道德，对档案信息进行严格保密，防止信息泄露。他们应接受相应的保密培训和教育，了解保密法规和操作规程，掌握保密技术和措施，严格执行档案信息的安全管理和访问控制，以确保档案信息的完整性和安全性，防止信息泄露带来的风险和损害。

三、档案工作的主要特点

（一）档案资源积累的缓慢性

档案资源的积累是一个相对缓慢的过程。档案的形成需要经历一定的时间积累，涉及各个领域的文件和记录的产生、收集、整理和保存。这种缓慢性主要由于档案资源的生成与时间的累积、历史的演变有关——档案需要经过长期的积累和积极的收集工作，才能形成丰富和多样化的档案资源。

（二）档案管理过程的阶段性

档案管理过程具有阶段性特征。档案管理涉及档案的收集、整理、保管、利用和处置等一系列环节，每个环节都有其独特的任务和要求。这些环节相互关联，构成了一个相对连续的档案管理过程。每个阶段的工作都有其特定的目标和方法，需要进行适当的规划和组织，以确保档案资源的有效管理和利用。

（三）档案管理活动对档案形成者的依附性

档案管理活动具有对档案形成者的依附性。档案形成者是指档案的产生单位或个人，他们对档案管理工作的支持和合作是档案管理的基础。档案管理部门需要与档案形成者进行紧密的沟通和协调，了解其需求，确保档案的真实性和完整性。同时，档案管理部门还需要与档案形成者建立长期的合作关系，加强信息交流和共享，共同推动档案资源的积累和管理。

（四）档案管理工作对社会的相对封闭性

档案管理工作具有对社会的相对封闭性。这主要是因为档案管理工作涉及大量的敏感信息和机密资料，需要严格遵守相关法律法规和保密要求。档案管理部门需要建立健全的保密制度和安全措施，确保档案信息的保密性和安全性。同时，档案管理部门还需要与其他相关机构和部门进行合作，加强信息共享和协同工作，以提高档案管理的效率和质量。

第三节　信息化发展背景

一、信息技术的快速发展

信息技术（Information Technology，IT），是指主要用于采集、存储、传输、管理、加工和处理信息等环节中的各种技术总称。信息技术的基本特征是以大规模集成电路为载体，通过加载软件系统并进行集成而形成特定的功能。信息技术是由若干单元技术相互联系而构成的一种多层次、多维度的复杂技术体系。从信息技术的功能来看，它主要包括信息存储技术、信息处理技术、信息传输技术、信息控制技术等类型。

在过去的几十年里，科技领域经历了前所未有的快速发展阶段，种种创新技术如雨后春笋般不断涌现，其中信息技术的表现尤为突出。信息技术是一种多元化的高新技术，融合了计算机科学、通信工程、信息处理以及控制技术等诸多领域，堪称现代高新技术的基石。信息技术的发展依赖于电子工程的飞速进步，尤其是微电子技术。信息技术在推动其他高新技术的进步方面起到了领航的作用，反之，其他高新技术的快速成长又推动了信息技术的进步。简单来说，尽管其他高新技术主要集中在能源和物质资源上，但信息技术改变了人类对于空间、时间以及知识的认知。信息技术的广泛应用有望深度挖掘人类的智力潜力，并且在催化和放大包括能源和物质资源在内的各类生产要素效能上将发挥巨大作用。

（一）信息技术的发展历程

随着信息技术的飞速发展，信息的采集、感知、存储、传输、计算、处理、优化、管理、呈现及重构变得越发便捷、高效、经济和易用。在历史的长河中，信息技术主要经历了五次重大的革命性突破，如表1-2所示。

表1-2 信息技术的发展历程

发展阶段	发展时期	发展标志	影响
第一次信息技术革命	约3.5万年至5万年前	语言的出现和应用	扩大了人类信息交流的范围、能力和效率
第二次信息技术革命	约公元前3500年	文字的产生	信息的传递第一次打破了时间与空间的限制
第三次信息技术革命	约公元1040年	造纸和印刷技术的诞生	信息交流、传递的容量和范围得到了进一步的扩大
第四次信息技术革命	约19世纪中叶	电磁技术的发明	信息传递的速度得到了极大的提高
第五次信息技术革命	约20世纪中叶	电子计算机的发明和应用	信息的存储、传递、加工、处理等实现了自动化

1.语言的出现和应用（约3.5万年至5万年前）

语言的出现和应用被公认为信息技术发展史上的首个重大突破。在人类的早期历史中，劳动是推动语言产生与发展的关键因素。劳动使人类处理信息的方式逐渐由自然过渡到自由，由被动发展到主动，这一变化极大地推动了语言的产生。语言的出现，不仅为人类提供了一种全新的交流信息的载体，而且塑造了一种全新的工具概念，即信息加工的工具。通过语言，人类能够将抽象的思想和具体的信息编码为可理解的形式，并且在同类之间进行有效的传递。

语言的出现标志着人类对信息处理能力的初步掌握，这在生物进化史上构成了一个重要的里程碑。使用语言的能力，将人类从其他生物中区分出来，使人类能够进行更复杂的思维活动，如逻辑推理、抽象思考和创造性思维，从而推动人类社会的发展。同时，语言的使用标志着人类从原始的猿类走向了更高级的生物形态，开始了真正意义上的人类社会。此外，语言的应用也为人类社会的发展提供了基础。语言的出现促进了社会组织的形成，使人类能够以更有效的方式合作，从而共同解决生存和发展中出现的问题。由于语言的出现，人类能够传承知识，从而为人类文明的积累和发展提供了可能。

2. 文字的产生（约公元前 3500 年）

文字的产生是信息技术发展史上的第二个重大突破。文字的出现极大地扩展了信息技术的领域，具有里程碑意义。相比于口头语言，文字具有更为持久和普遍的特性，使信息可以在时间和空间上进行更为广泛和深远的传播。文字不仅是信息传递和存储的工具，而且是人们思考和理解世界的工具。文字能够帮助人们更好地理解和表达复杂的概念和思想，推动知识领域的发展。同时，文字的出现也使教育成为可能，从而提高了整个社会的知识水平和文化素质。

3. 造纸和印刷技术的诞生（约公元 1040 年）

造纸和印刷技术的诞生是信息技术发展史上的第三个重大突破。这一技术大幅扩大了信息交流、传递的容量和范围，极大地推动了人类文明的传播。一方面，造纸技术的发明极大地改变了信息记录的方式。在此之前，人们记录信息的媒介有限，如石头、木板、兽皮、竹简等，这些媒介不仅使用不便，而且存储和传输的成本高昂。造纸技术的出现，使人们能够以较低的成本大量制造出轻便、易写的纸张，这极大地提升了信息记录的效率，也降低了信息记录的成本。另一方面，印刷技术的出现使信息的复制和传播变得更为方便和快捷。在印刷技术出现之前，人们复制信息主要依赖于手工抄写，这种方式效率低下、耗时耗力。而印刷技术的应用，特别是活字印刷技术的发明，使信息可以在短时间内被大量复制和传播，极大地提高了信息传递的速度和范围，并首次使信息的广泛共享成为可能。

4. 电磁技术的发明（约 19 世纪中叶）

电磁技术主要包括电报、电话和电视等现代通信技术和传播技术，这些关键技术的诞生标志着信息技术迈向第四个里程碑。这是一次颠覆性的革命，人类通过发现电磁波并成功应用于电报和电话的创新，使信息存储和传输的方式发生了根本性的改变。自此，信息不再受限于传统的媒介方式，可以通过金属导线上的电脉冲进行传输，甚至可以通过电磁波实现无线通信。这一变革极大地提高了信息传输的效率，有效地缩减了信息传递的时空距离，从而实现了信息的全球瞬间传播。这一创新性的变革，对于人类社会的发展影响深远。自此，人类社会开启了全新的通信时代。

5. 电子计算机的发明和应用（约 20 世纪中叶）

电子计算机的发明及其广泛应用，标志着信息技术达到了第五个里程碑。电子计算机的出现，从根本上革新了人类处理信息的模式，从而使人类社会开启了一个全新的信息时代。电子计算机的出现不仅打破了人类自身大脑及感官在处理信息方面的固有限制，而且极大地提升了人们处理和利用信息的效率与范围。在这个过程中，电子计算机的角色不仅仅是一个工具，更重要的是，它提供了一种全新的信息处理范式，使信息处理变得更加自动化、高效和精准。例如，电子计算机的高速度计算能力，使人们可以在短时间内处理大量的信息，超出人类大脑和感官处理信息的能力之外，展现出巨大的优势；电子计算机的存储能力，使信息可以被长期、稳定和可靠地保存，极大地增强了信息的使用效率；电子计算机强大的逻辑处理和决策支持能力，使信息处理从以往的简单处理，逐渐转变为复杂的分析和决策支持。因此，电子计算机的发明和应用，不仅推动了信息技术的飞速发展，而且在很大程度上推动了整个社会的进步。

（二）现代信息技术发展中的关键技术

1. 计算机科学技术

作为推动信息技术快速发展的重要力量，计算机科学技术使信息处理、存储和交换的流程更有效率，对提升工业技术水平、创新产业形态、推动经济社会发展发挥了巨大作用，促进了传统产业革新、现代服务业兴起等各个领域的重大变革，为国民经济发展提供了强大的推动力，并深刻影响着社会经济生活的运行。计算机科学技术涵盖了算法设计、系统架构、人工智能、软件工程等多个子领域，人们对这些领域的研究与应用，又进一步催生了大数据、人工智能、物联网、云技术等一大批现代网络技术，进而推动人类社会迈入快速变化的信息时代。

算法是为解决问题而采取的方法与步骤，被广泛地应用于计算机的问题求解中，是程序设计的精髓。算法设计作为计算机科学的核心，致力于研发高效、稳健的算法，从而提升数据处理的效率和准确性。同时，系统架构的研究为构建复杂而高效的计算系统提供了设计原则和方法，包括硬件和软件的协同设计、多级存储系统、并行和分布式计算等。

在计算机科学这一广阔的知识体系中，人工智能的发展尤为引人注目。通过模拟和增强人类的认知能力，人工智能已经在诸多领域产生了深远影响。其中，机器学习和深度学习是近年来非常活跃的研究方向，它们通过训练模型自动从大量数据中学习规律，极大地提升了处理复杂任务的能力，如图像识别、自然语言处理、预测分析等。此外，软件工程也在计算机科学技术中扮演着重要角色，它强调使用工程方法来构建和维护复杂的软件系统，以满足持续变化的用户需求和业务环境。这涉及需求分析、系统设计、编程实现、测试验证、系统维护等全过程的管理和技术方法。

总之，计算机科学技术作为信息技术的核心技术，通过其各个子领域的深入研究和创新发展，不断推动着信息技术的进步。

2. 通信技术

作为信息技术发展的重要驱动力之一，通信技术的作用无可替代，它使信息在各式设备、系统以及地理位置之间自由流动成为可能，为信息的即时、高效传输提供了可靠保障。自早期有线电报的问世，到现代复杂的无线通信网络的构建，通信技术的演变和进步推动着信息技术的飞速发展。

回顾历史，早期的通信技术主要依赖于有线电报，信息传递的速度和范围相对较小。然而，随着无线通信技术的出现和发展，这一局限得以突破，信息传递的速度和范围得到了极大提升，并实现了远程、多点、无线的信息传输，大大提高了通信的便利性和效率。

近年来，通信技术的发展进入了一个全新的阶段。高速移动通信技术，如 5G 技术，已经使无线通信达到了前所未有的高度。5G 技术的特点包括高数据传输速率、低延迟、高可靠性和大规模设备连接等，这使各类应用如实时数据流、物联网、智能设备等得以诞生，并且在各个领域都有了广泛的应用。而 6G 技术预期将在 5G 技术的基础上，实现更高的数据传输速率、更低的延迟、更广泛的覆盖，以及更大规模的设备连接等。

由上可以看出，通信技术的发展和进步对于信息技术的发展具有至关重要的影响。无论是在信息的传输效率、范围方面，还是在信息的时效性、可靠性方面，通信技术都起着关键性的推动作用。未来，随着通信技术的持续发展，我们有理由相信，信息技术将会实现更高的水平，为人类社会的发展带来更大的便利和效益。

3. 网络技术

网络技术，作为信息技术发展中的一个关键元素，极大地推动了全球信息流动与共享的进程，从根本上改变了人们获取、处理和交换信息的方式。网络技术不仅在人们日常生活的各个方面得到了广泛应用，如教育、医疗、商业、娱乐等，还在科学研究、政府决策等领域扮演着重要的角色。

互联网，作为网络技术的代表性成果，通过将全球的计算机和其他设备相互连接，构建了一个全球性的信息交流网络，实现了信息的即时传输和大规模共享。互联网的出现和发展，使信息获取的门槛大大降低，信息传播的速度和范围得到了前所未有的扩展，人们可以在任何时间、地点获取所需的信息，极大地推动了社会的信息化进程。

然而，网络技术的发展并未止步于此。近年来，新兴的技术如云计算、大数据、物联网等，进一步推动了网络技术的发展，为信息处理提供了更加强大和灵活的能力。例如，云计算使计算资源得以集中管理和分配，用户可以根据需求灵活地获取和使用计算资源，极大地提高了计算效率和效果；大数据技术则利用先进的算法和工具，从大量的数据中提取有价值的信息，为决策提供科学的依据；物联网通过将各种物理设备连接到网络，实现了设备间的智能互联和信息共享，为智能化生活和工作提供了可能。

总的来说，网络技术在信息技术发展中起到了至关重要的作用。它不仅改变了人们获取和使用信息的方式，还为信息的处理和利用提供了新的思路和手段。未来，随着网络技术的持续发展和创新，我们有理由相信，信息技术将会达到更高的水平，为人类社会的进步和发展提供更强大的支持。

（三）未来信息技术的发展趋势

1. 技术智能化

技术智能化是指通过人工智能、机器学习等技术的应用，使信息技术更智能地处理信息，更好地理解和满足用户需求。目前，人工智能和机器学习已经在推荐系统、语音识别、自然语言处理等多个领域得到应用，极大地提高了信息处理的效率和质量。随着相关技术的进一步发展，未来的信息技术可能将实现更高级别的智能化。例如，通过深度学习理解复杂的模式和关系，通过强化学习实现自我优化和改进。

2. 传输网络化

传输网络化是指通过网络技术实现信息的全球范围的实时传输和共享。目前，互联网可以连接全球的计算机和设备，形成全球性的信息交换网络。随着 5G、6G 等高速移动通信技术的发展，信息的传输速度和范围将进一步提升，实现更高效的信息传输和共享。

3. 信息数字化

信息数字化是指将各种形式的信息转化为数字格式，便于存储、传输和处理。目前数字化技术可以实现现实世界中物质与非物质的信息数字化，并在文本、图像、音频、视频等多个领域得到了广泛应用，极大地提高了信息的可用性和可操作性。在未来社会，信息数字化的程度可能会更高。例如，人们可以通过 3D 扫描和虚拟现实技术，实现物理世界的数字化。

4. 发展高速化

发展高速化是指信息技术的发展速度不断加快。这主要得益于计算能力的提升、数据的增长以及新技术、新理论的出现，如量子计算、边缘计算等新技术的出现，有可能在未来带来信息技术的新一轮高速发展。

5. 应用个性化

应用个性化是指信息技术能够根据每个用户的特点和需求，提供个性化的服务和内容。目前，个性化推荐、个性化搜索等应用已经在各个领域得到广泛应用。随着大数据和人工智能技术的进一步发展，未来的信息技术可能将实现更高级别的个性化。例如，通过深度学习理解用户的复杂需求和偏好，通过实时分析和预测提供更精准的个性化服务。

二、信息化对各行业的影响

（一）信息化的概念与特点

1. 信息化的概念

“信息化”一词大约产生于20世纪60年代。1963年，日本学者梅棹忠夫在题为“信息产业论”的文章中首次提出并描绘了“信息革命”和“信息化社会”的前景，指出“信息化”是通信现代化、计算机化和行为合理化的总称。随后，“信息化”这一概念在世界范围内得到了广泛关注与讨论。我国许多学者也从不同角度对“信息化”进行了深入研究与分析，这些研究成果给社会发展带来了深远影响。学者们普遍认为，信息化代表着一种信息技术被高度应用、信息资源被高度共享，从而使人的智能潜力以及社会物质资源潜力被充分发挥，个人行为、组织决策和社会运行趋于合理化的理想状态。①

信息化是人类社会发展到一定阶段的必然产物，其兴起有着深刻的社会、经济和科技背景。信息技术的迅速发展和广泛应用、以信息资源作为生产资料和产品产出的信息经济的崛起和壮大、对于信息化现象理论研究的深入等加快了信息化的进程。随着信息化程度的日益提高，"信息化"一词在当今社会中被广泛应用，如经济信息化、政府信息化、金融信息化、交通运输信息化、教育信息化、生活信息化、娱乐信息化、消费信息化等。

2. 信息化的特点

一般来看，信息化具有明显的信息外溢性、极强的技术创新性、广泛的技术渗透性、较高的经济效益性和强劲的产业带动性五个方面的特点，如图 1-6 所示。

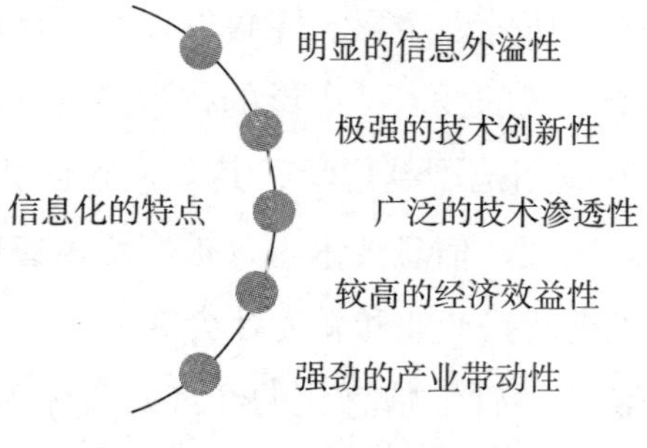

图 1-6 信息化的特点

（1）明显的信息外溢性。信息化具有明显的信息外溢性，它既包括信息本身的外溢效应，又包括新信息创造的新市场的外溢效应。一方面，信息本身对外部环境会产生一定的影响，这种影响可能是正面的，也可能是负面的。另一方面，新信息创造的新市场，也会与外部环境发生连锁反应，进而对整个社会带来或多或少的影响。信息的外溢效应，

① 奚惠鹏，王源．浅谈学会工作信息化 [J]. 科协论坛，2009（7）：29-31.

是一个企业、一个产业乃至一个国家获得发展的必要条件。

（2）极强的技术创新性。技术的创新性是信息化的又一显著特征。回顾历史，自 20 世纪以来，信息领域实现了多次重大突破，如集成电路、电子计算机、光纤通信、互联网、人工智能等，这些技术快速发展的意义早已不再只局限于技术本身，而是会引起相关产业结构的重组或变革。也就是说，信息技术手段的不断创新，会在一定程度上加速现代产业的发展，为相关产业提供强大的推动力。信息化的技术创新性，不仅体现在单一的信息技术有着快速的发展水平，在很多方面取得长足的进步，而且体现在信息技术与其他技术的融合发展，信息技术成果在社会各个领域的转化与应用变得更为广泛、快速、高效。

（3）广泛的技术渗透性。广泛的技术渗透性是指信息技术在相对独立领域内得到广泛应用和渗透的能力。这种技术的渗透能力不仅局限于某一行业或某一特定的场景，而是可以在多个行业和场景中得到应用。例如，人工智能技术在医疗、金融、零售等多个领域都有广泛应用，已经成为一个跨越多个领域的技术。广泛的技术渗透性展现了信息技术的普适性和通用性，其应用范围越广泛，其开发和创新的空间也就越大，也更具有商业价值。因此，信息技术不仅被广泛地应用于国民经济的各个领域，还催生了大批新兴产业和新的社会需求。

（4）较高的经济效益性。信息化的经济效益体现在提高生产效率、降低管理成本、提高产品质量、打造全球化竞争优势和建立品牌价值等多个方面，它是企业转型升级、提高核心竞争力的重要手段和途径。对于企业来说，信息技术的应用可以显著提高资源利用率、劳动生产率与管理效率，从而极大地降低生产成本，提高经济效益。特别是在以信息技术为主导技术的企业信息网络的发展，增强了管理者与被管理者之间以及不同管理对象之间的交叉性、有序性，提高了生产效率和经济效益，促进了生产组织与经营模式的变革，推动了经济的增长。

（5）强劲的产业带动性。信息化具有强劲的产业带动性，这是因为信息技术的应用能够促进工业和服务行业的数字化转型和智能化升级，提高产品和服务的附加值，从而推动国民经济的发展。此外，信息技术的开发和应用催生了大量的衍生产业和新兴产业，如计算机软件、电子商务、移动互联网等，成为引领和支撑现代产业结构调整与转型升级的重要力量。可以说，信息技术应用的普及和深度推广对于促进国民经济的快速增长和改善人民生活水平有着十分积极的作用。

（二）信息化影响的主要行业

1. 教育

信息化程度的不断加深，极大地改变了现代教育的方式和手段。在教育领域，信息化已经引发了一场变革。教育行业的信息化不仅改变了教育的传递方式，而且改变了学习的体验和效果。

信息化对教育行业的影响主要体现在以下几个方面：第一，信息化技术使教育资源的传递方式更加便捷和高效。网络教育平台和虚拟课堂的出现，打破了地域和时间的限制，使全球的知识资源在几乎无障碍的情况下能够传播到世界的任何角落。这种“随时随地”的学习方式，能够充分给予个体更多的学习自主权，也使现代教育的覆盖面更加广泛。第二，大数据和人工智能技术使现代教育能够更好地适应每个个体的学习需求。通过对学习者的学习习惯、知识掌握情况等信息的收集和分析，教育者可以实现精准教学，即根据每个学习者的特点，提供最适合他们的学习资源和教学方式。这种个性化的学习方式，在一定程度上有助于提高学习者的学习效率和效果。第三，信息化创造了新的教学工具和方法。例如，虚拟现实（Virtual Reality,VR）和增强现实（Augmented Reality，AR）技术的应用，可以使学习者沉浸在一个仿真的环境中，从而提高其学习的体验和记忆效果。同时，游戏化学习、社交化学习等新的学习模式的出现，也使学习者的学习更具趣味性和动态性。

然而，信息化给教育行业带来许多积极影响的同时，也出现了一些问题与挑战，如学生隐私和数据安全、教育资源分配、学生网络素养、教师专业发展、教育质量评估等。因此，教育行业需要积极应对这些问题与挑战，通过政策、技术和管理上的创新，推动教育信息化的健康和可持续发展。

2. 医疗健康

在医疗健康行业，信息化已经深入诊疗、管理、研究等多个层面，极大地推动了这个行业的效率和服务质量的提升。信息化对医疗健康行业的影响主要包括以下几点：第一，电子病历系统的实现，使医疗信息的存储和管理更加高效和精确。它改变了传统的手动录入、存储和检索病历的方式，避免了人为错误，同时也加快了信息的处理速度。这不仅提高了医生的工作效率，而且提高了患者的就诊体验。第二，远程医疗服务的发展，打破了地域的限制，使优质的医疗资源能够惠及更远地区。例如，通过视频会诊、在线医疗咨询等方式，患者可以在家接受专家的诊疗，尤其是对于地理位置偏远、医疗资源稀缺的地区，这种服务模式的价值更加显著。第三，人工智能和大数据技术在医疗行业的应用，推动了精准医疗和个性化治疗的发展。通过对大量的医疗数据进行分析，如基因序列、疾病历史、生活习惯等，医生可以更准确地诊断疾病，预测疾病的进程，同时也能为每个患者制订最适合他们的治疗方案。这种医疗方式，不仅有利于提高治疗的成功率，而且能够减少不必要的医疗干预和医疗费用。

当然，在医疗健康行业，信息化也带来了不少问题，如信息安全、技术壁垒等。因此，医疗机构需要建立健全的数据安全体系，包括数据加密、身份认证、访问控制等措施，以保护患者数据的安全。同时，医疗机构也需要定期对员工进行数据安全培训和教育，提高员工保护数据隐私和安全的意识。

3. 零售和电子商务

在零售和电子商务行业，信息化已经深深地改变了人们的消费习惯和传统的市场结构，同时也开启了新的商业机会和挑战。在线购物和移动支付的普及，使购物更加方便和快捷。在过去，购物需要消费者亲自前往实体店进行选购和支付；而现在，消费者只需要通过电脑或手机就能浏览商品、比较价格、进行购买和支付，而且这一切可以在任何时间、任何地点进行。这种购物方式不仅更加方便和快捷，而且在很大程度上扩大了消费者的选择范围。另外，移动支付的兴起，进一步提升了消费者的购物体验。无论是在实体店购物，还是在在线平台购物，消费者都可以通过手机进行支付，无须携带现金或银行卡，这不仅方便了消费者，而且提高了交易的安全性和效率。

然而，信息化在零售和电子商务行业中的应用与发展，也面临无法避免的问题和挑战，如数据安全和隐私保护、技术依赖和数字鸿沟、商业伦理和责任、技术更新和人才培养等。这就需要企业遵守相关的法律法规，建立健全的数据保护机制，同时树立良好的商业伦理，尊重消费者的权益，并对社会负责。另外，政府和立法机构需要及时更新和完善法律法规，以适应信息化技术的发展。

4. 制造业

制造业是通过加工将原材料转变为产品的行业，而加工环节是实现产品增值的主要过程。然而，随着市场竞争的加剧和产品的迭代升级，产品创新、市场营销和服务的增值作用逐步提高，促使制造业产出由单一的产品转变为包含产品在内的服务和解决方案。这使制造业成为同时对物质、信息和知识进行处理的行业。为适应市场的发展，信息化被广泛应用于制造业。信息化为制造业带来了一系列的变革，其中包括积极影响，也包括消极影响。积极方面，信息化提升了制造业的生产效率和供应链效率，并使产品设计和质量控制更加精确和科学。消极方面，制造业同样也需要解决数据安全、技术更新、人才短缺等问题。因此，制造业企业需要积极应对挑战，充分利用信息化技术，推动自身的转型和升级。

5. 交通运输

交通运输业是现代社会的“大动脉”，航空、铁路、公路和水路都在使用信息化的技术手段来进行监控、管理或提供服务。全球卫星定位系统、交通监控系统、座席预订系统以及智能交通系统等都是信息化在交通运输业中的典型应用。

三、社会信息化的发展浪潮

社会信息化是指在现代信息技术影响下，社会生活方式与管理方式发生改变——信息资源下，充分应用到社会各个领域，为人们提供基于信息网络系统的生活、休闲、娱乐、学习的服务与产品，同时不断丰富人们的精神文化生活，提升人们的生活质量。社会信息化是一种全球性的发展趋势，其影响涵盖政治、经济、文化、科技、教育等诸多领域。随着信息技术的飞速发展，社会信息化已经逐渐成为现代社会的显著特征。

（一）信息化的发展层次

信息化发展是一个由企业信息化、产业信息化、国民经济信息化到社会信息化的逐步递进过程。社会信息化是信息化发展的高级阶段。

1. 企业信息化

企业信息化是指企业在其业务运营中广泛应用信息技术和互联网技术，来提高管理效率和市场竞争力。企业信息化的内涵主要包括生产和产品的智能化、管理一体化和组织有机化。

生产和产品的智能化是信息技术发展的一个重要方向，也是企业信息化的重要组成部分。在生产环节，通过应用自动化设备和智能系统，企业能够实现生产过程的优化，提升生产效率，降低生产成本。在产品环节，智能化的产品不仅具有更高的附加值，而且能够更好地满足消费者的个性化需求。例如，通过内置的智能化芯片和软件，产品能够实现自我学习、自我调整和自我优化等功能，大大提升了产品的性能和使用体验。

管理一体化是指通过信息系统的应用，实现企业内部各个部门和职能的紧密协调与高效运作。例如，通过企业资源计划（Enterprise Resource Planning，ERP）系统，企业能够实现从供应链管理、生产计划、销售预测到财务报告等各个环节的无缝连接和数据共享，大大提升了企业的运营效率和管理效果。另外，管理一体化也包括企业与其外部环境的信息交流和协同。例如，通过供应链管理系统，企业能够实现与供应商和客户的信息对接，优化供应链的运作。

组织有机化是指企业组织结构的扁平化和网络化，以及企业文化的开放化和创新化。信息化技术的应用使企业能够打破传统的等级制度，实现组织结构的扁平化，提升企业的决策效率和响应速度。同时，信息化技术也使企业能够超越地域，构建跨区域、跨行业的业务网络，拓宽企业的业务领域和市场空间。此外，信息化技术的应用还能够推动企业文化的开放和创新。例如，通过内部社交网络，企业能够实现知识的共享和创新的孵化。

2. 产业信息化

产业信息化是指在特定产业领域内，通过信息技术和互联网技术的应用，实现产业结构的优化升级，提高产业的整体竞争力。产业信息化是信息技术与特定产业深度融合的过程，在这个过程中，信息技术不仅推动了传统产业的转型升级，而且催生了新的信息产业。产业信息化，既指传统产业通过信息资源、信息技术、网络技术等手段使产业内部各种资源和要素实现信息化的过程，又指以数据库和新的传媒为代表的信息化实现途径及其实现过程。产业信息化不仅可以提高企业和产业的效率和效益，而且会对社会经济的发展产生积极影响。例如，产业信息化可以提升国民经济的整体水平，推动社会的数字化和智能化，提高人们的生活质量。

3. 国民经济信息化

国民经济信息化是指在国民经济的全局和各个领域，广泛应用信息技术和互联网技术，以推动经济的高质量发展。

今天，信息化在国民经济中的作用日益凸显，对社会生产力的智能化创新、国民经济各个领域的改革和更新有着深远影响。国民经济信息化的实质是通过信息的高速、高效和低耗传输，将社会生产、分配、交换和消费这四个关键环节有机地整合在一起，从而提升信息在管理和决策中的运用层次。通过这种方式，社会能够加速知识、技术、人才和资金的流动，消减时间和空间的限制，构建一个稳定且有序的国民经济体系。这种变革能够显著提升社会的劳动生产率，推动经济和社会的发展。

4. 社会信息化

社会信息化是指在社会各个领域和层面，包括政治、经济、文化、社会生活等，都广泛应用信息技术和互联网技术，形成以信息和知识为主导资源的新型社会。社会信息化的发展，受多个方面因素的影响，如国际竞争、内在需求、政府支持等。

国际竞争的加剧，是社会信息化发展的外在动力。在全球范围内，信息技术和信息产业发展水平已经成为各国经济发展和国际竞争力的重要衡量标准，是国际竞争力的重要方面。全球性的信息技术发展和信息产业竞争推动了各国对于信息化发展的重视和投入，使社会信息化的进程日益加快。这种国际竞争压力，实质上是一种外在的驱动力，它促使各国在信息化建设上争先恐后，以获取相应的竞争优势。

强大的需求是社会信息化发展的内在推动力。社会信息化发展的内在推动力来自各类需求的迅速增长。信息化可以提高人们的生活质量，提高工作效率，提升公共服务的水平等。因此，无论是个人、企业还是政府，对信息化的需求都在持续增长。同时，信息化也是解决许多社会问题（如环境保护、公共卫生、社会公正）的有效途径。在此背景下，社会上的诸多需求都在推动着信息化的发展。

政府在社会信息化的发展中扮演着重要角色——政府支持是社会信息化发展的有力保障。一方面，政府作为规划者和引导者，可以制定并实施信息化的发展策略和规划，以指导和推动信息化的发展。另一方面，政府作为资源的配置者和公共服务的提供者，可以通过投资建设、财政补贴、政策引导等手段，提供必要的资源和支持，以促进信息化的发展。此外，政府还需要制定和完善相关的法律法规，以保障信息安全、维护公众的信息权益，从而为信息化的健康发展提供有力的保障。

（二）社会信息化的发展特征

社会信息化的发展具有以下几个显著的特征。

1. 信息成为重要的战略资源

在信息化社会中，信息已从简单的数据和知识转变为一种重要的战略资源，对社会和经济发展起到关键性的推动作用。信息资源的获取、处理、分析、应用与传递，已经成为判断一个国家或地区发展水平和竞争力的重要标准。信息资源的有效利用不仅能够优化社会的生产和运营流程，提高劳动生产率，还能够推动科技创新，催生新的产业和商业模式，从而塑造社会和经济的全新格局。

2. 信息产业迎来大发展

随着社会对信息需求的增长，信息产业正在迎来前所未有的发展机遇。包括数据分析、人工智能、云计算等在内的一系列信息相关产业正在蓬勃发展，这些产业的快速发展不仅推动了经济增长，而且改变了人们的生活方式，如购物、娱乐、教育、医疗等各个领域都受到了深刻的影响。

3. 电子信息技术占据主导地位

在当前的社会信息化发展浪潮中，电子信息技术成为主导力量。无论是数据采集、信息处理、传输还是应用，电子信息技术都发挥着至关重要的作用。其在硬件设备、软件系统、网络通信、数据存储、信息安全等领域的广泛应用，已经对社会经济活动的各个环节产生了深远影响。尤其是在大数据、人工智能等领域的应用，更是在推动社会信息化进程中发挥着举足轻重的作用。

（三）社会信息化的影响

1. 社会信息化能满足并创造新的消费需求

社会信息化通过提供更为丰富和方便的信息获取和消费方式，大大满足了消费者对于信息的需求。例如，网络购物、在线学习、数字娱乐等新型消费模式的出现，不仅满足了消费者对于便捷、高效、个性化的消费服务的需求，而且在不断地创造着新的消费需求。其中，个性化、智能化、移动化、社交化等新型消费趋势的出现，代表了社会信息化对于消费模式的深刻影响。

2. 社会信息化能引发人类教育的深刻变革

社会信息化的发展，使教育方式和方法发生了深刻的变革。在线教育的出现，打破了传统的时间和空间限制，使更多人能够获取到优质的教育资源。同时，人工智能和大数据等新兴技术的应用，使个性化教学和精准教育成为可能。这些变革，不仅有利于提高教育的效率和质量，而且使教育更加公平和包容，对人类社会的发展产生了深远影响。

3. 社会信息化能导致人类交往方式的深刻变化

信息网络所具备的超越时空的特性，重塑了人类传统交往的时间和空间界限，为信息时代的互动方式赋予了平等性、相互性、普适性和无限性等特征。这种转变最终将促使人类生活空间的网络化，提升人类交流的速度和便捷性，同时也使交际模式更加多元化和数字化。在此背景下，社会信息化的进步有利于各类文化的相互接纳和融合，从而在广泛的传播范围中推动各种文化的繁荣与发展。然而，信息网络在带来更多理解的同时，也可能引发更多的误解，而使人们之间的冲突加剧。因此，相关部门应建立健全的网络信息管理制度，提高信息的安全性和隐私性。

第二章
档案信息化建设的基本解析

第二部

第一节 档案信息化建设概述

一、档案信息化的概念

档案信息化是指运用现代计算机、通信、多媒体等信息技术手段，对传统档案管理中的档案著录、保存、检索、利用等各个环节进行信息化改造，并建设与之相适应的信息系统，使档案资源得到更好的保护、利用和共享。这一概念主要包含以下几方面内涵。

（一）档案一体化

档案一体化是指将分散在不同部门、单位或系统中的档案资源进行整合和统一管理的一种管理模式。它旨在通过建立统一的档案管理体系，实现档案资源的集中管理、共享利用和高效运作。档案一体化的目标是实现档案资源的集中管理和整合利用。在传统操作上，档案资源往往分散在各个部门、单位或系统中，导致出现信息孤岛、重复建档、资源浪费等问题。档案一体化通过建立统一的档案管理机构或系统，将分散的档案资源整合起来，实现信息的集中存储、分类编目和管理，从而提高档案资源的可访问性和利用效率。

档案一体化强调档案管理的标准化和规范化。在档案一体化的管理模式下，档案管理遵循一套统一的管理标准和规范，确保档案的收集、整理、保管、利用和处置等环节符合法律法规和专业要求。这有助于提高档案管理的效率和质量，保证档案的真实性、完整性和可信度。

此外，档案一体化还强调信息技术的支持和应用。随着信息技术的快速发展，档案管理逐渐借助数字化技术、电子文档管理系统等技术和工具实现档案资源的数字化、在线检索和远程访问。档案一体化通过引入信息技术，提升档案管理的效率和便利性，使用户能够更加方便地获取和利用档案资源。

（二）档案网络化

档案网络化是指将数字化的档案通过互联网、局域网等网络途径进行共享和传递的过程。档案网络化借助网络的快捷性、方便性和连续性，可以突破传统档案管理的限制。

档案网络化是一个系统且复杂的过程。档案管理者首先要对档案信息进行简单的检索编辑，并建设档案数据库，确保档案目录系统的完整性。在这一过程中，档案管理者应该考虑用户需求、开发数据库的经济效益及相关技术问题，集中人力、物力、财力，构建资源丰富、功能齐全的档案信息数据库，如全文数据库、文件目录数据库、多媒体数据库等。数据库建立完成之后，档案管理者要对档案进行分类，运用多媒体技术对文字型、图像型、音像型档案信息进行综合处理，并完善访问功能。在这一工作结束后，档案管理者就可以利用网络向人们提供更加迅速、精确的信息服务，同时用户也可以根据自己的需求快捷地获取或下载档案。

（三）档案管理规范化

档案管理规范化是指依据国家有关法律法规、标准、规章和制度，对组织机构或个人的档案资料进行规范化管理，即按照行政管理要求和技术标准，采用科学合理的档案管理制度和流程进行整理、保管、利用、处置等工作。

档案管理规范化需要档案管理机构遵循相关法律法规和政策。各国都有相应的档案管理法律法规，明确了档案管理的原则、规定和要求。

档案管理机构需要遵循这些法律法规和政策，确保档案管理工作符合相关规定，维护档案的合法性和权威性。

档案管理规范化还涉及档案管理机构制定和执行内部的规章制度和工作流程。这些规章制度和工作流程包括档案采集的标准、整理编目的规范、档案保管的要求、档案利用的程序和权限等。规范档案管理制度对于档案管理机构来说是非常必要的，因为档案的管理是一项长期而复杂的工作，只有通过制定相应的制度和流程，才能够保证档案的安全性、真实性和完整性。档案管理机构采取标准化和规范化的流程与方式对档案进行管理，不仅能够保证材料的存档与保存，而且能够保障档案的完整性和可访问性。

档案的安全保护和风险管理是档案管理规范化的重要内容。档案管理机构需要制定安全保护措施，包括物理安全措施和信息安全措施，确保档案的机密性和完整性。同时，档案管理机构还需要制订灾害应急预案和风险管理措施，以应对档案面临的自然灾害、事故和人为破坏等风险，减少档案损失和破坏的可能性。

档案管理规范化有助于提高跨部门交流和协作的效率——将档案管理的标准和细节统一起来，有利于各部门之间对档案管理工作内容、方式和标准的共享与交流，提高各部门之间工作的效率，使档案工作进行得更为方便、快捷与互通。在整个过程中，标准化和规范化的档案管理制度和流程，不仅体现了机构管理者的管理理念，而且在一定程度上提高了档案管理工作的质量。

二、档案信息化建设的作用

档案信息化建设是档案管理工作的重要方向，它在以下几个方面发挥着重要作用。

（一）提升档案管理效率

档案信息化建设，有助于实现档案的数字化和自动化管理，使档案的分类、存储、检索、借阅等工作更加高效、便捷。信息技术的应用，可以在一定程度上帮助档案管理机构提高档案管理的效率，节省人力资源。

档案信息化建设，有助于减少手动操作的时间和人力成本。例如，通过关键词检索，档案管理人员可以在几秒钟内找到所需的档案，而在传统的档案管理中，这可能需要几小时甚至几天的时间。另外，档案信息化使大量的档案能够以数字化的形式存储，极大地节省了物理空间，同时也方便了档案的复制和备份，能够在一定程度上消除或降低水灾、火灾等意外事件带来的影响。

对于档案管理机构来说，档案信息化建设在数据分析方面有着传统档案管理无法比拟的优势。档案管理机构可以利用数据分析技术，对档案的使用情况进行统计和分析，为档案管理的决策提供数据支持。例如，通过分析哪些类型的档案被访问的次数最多，来调整档案的采集和存储策略，提高档案管理的效率。

（二）保证档案信息的安全

档案信息化建设可以有效保护档案信息的安全，防止档案信息的丢失、损坏和被非法访问。

档案管理机构可以通过备份、加密、访问控制等技术手段，确保档案信息的完整性和可用性。在传统的档案管理中，档案的损失或破坏往往是无法挽回的；而在信息化的档案管理中，档案管理机构通过数字化存储和备份技术，可以在很大程度上避免这种风险。通过数字化存储，档案信息可以被复制多份并存储在不同的物理位置，即使某一存储设备出现故障或者某一物理位置发生灾难，也不会导致档案信息的全部丢失。此外，数字化存储还可以利用校验和纠错技术，确保存储的信息在传输和存储过程中的完整性和准确性。

此外，档案信息化建设还可以实现对档案信息的访问控制，防止未经授权的访问和修改。通过设置用户身份认证和访问权限管理，档案管理机构可以确保只有具有相应权限的用户才能访问或修改档案信息。而对于敏感或重要的档案信息，档案管理机构还可以使用加密技术，进一步增强其安全性。

（三）促进档案信息的共享

档案信息化建设可以实现档案信息的网络化和共享化，使档案信息可以在更大的范围内被共享和利用。通过档案信息化建设，档案信息可以以数字形式进行存储和传输，这使档案信息可以跨越地域和时间限制，被更多的用户获取和使用。与传统的纸质档案相比，数字化档案的复制和传播成本极低，这使档案信息的共享变得更为容易。同时，档案信息化建设，可以使不同来源、不同类型的档案信息在一个统一的平台上进行整合和共享，提高了档案信息的互操作性。此外，通过互联网和移动互联网技术，用户可以在任何地点、任何时间获取所需的档案信息，这极大地提高了档案信息的可获取性和使用率。档案信息化建设中的搜索引擎和推荐系统等技术，还可以帮助用户更快、更准确地找到所需的档案信息，进而提高信息共享的效率。

需要注意的是，虽然档案信息化建设极大地促进了档案信息的共享，但也带来了新的挑战，如信息安全和隐私保护等问题。因此，档案管理机构在推进档案信息化建设的过程中，必须均衡考虑信息开放与安全保护，确保在信息共享的同时保障信息安全和用户隐私。

（四）提升服务质量

档案信息化建设为档案管理机构提供了新的工具和方法，帮助其更好地满足用户的需求，提升其服务能力和水平。借助信息化技术的优势，档案管理机构可以为用户提供更加高效、便捷和个性化的服务，满足不同用户的需求。档案管理机构可以利用大数据和人工智能技术，深入了解用户的需求和行为特征，并根据这些信息提供个性化的服务。例如，根据用户的历史查询记录和行为数据，可以推荐相关的档案信息，或者提供个性化的查询和分析工具等。

（五）适应信息化社会的需求

档案信息化建设是适应信息化社会需求的关键，它不仅可以提供更高效、便捷和个性化的服务，而且可以保护和传承历史与文化记忆，满足信息化社会的多元化和个性化的需求。

在信息化社会中，人们对信息的获取、处理和应用提出了更高的要求。为满足这些要求，档案管理机构不仅需要对传统的档案管理和服务方式进行改革和创新，而且需要利用信息化技术的优势，提供更符合信息化社会特性的档案服务。同时，信息的获取和应用已经不再局限于特定的地点和时间，而是需要随时随地地进行。档案管理机构可以通过网络化和移动化的手段，使档案信息可以在任何地点、任何时间被获取和使用，从而满足信息化社会的需求。此外，信息化社会中的信息需求往往是多样化和个性化的。档案管理机构可以通过信息技术，对大量的档案信息进行分析和处理，从而提供更精准、更个性化的服务。例如，根据用户的行为数据和需求特征，可以推荐相关的档案服务。

同时，档案是社会文化的组成部分，档案管理机构承担着保护档案、维护历史真实性的责任。通过构建数字档案馆，档案管理机构可以利用先进的信息技术，有效地保存档案、保护历史、延续人类社会的记忆，并将文化和文明的传承推向更广阔的范围，从而促进文化的繁荣和社会的和谐。档案管理机构可以通过大规模的档案信息资源建设，对各类载体，如文字、照片、音频、视频等档案进行标准化的转换。这样做不仅可以避免由于阅读设备的不断升级而造成的虽有档案却无法阅读的困境，而且可以防止在使用原始档案时对档案造成损害，从而保证珍贵的档案能够长期保存。

三、档案信息化建设的原则

（一）以人为本原则

以人为本原则是档案信息化建设中的一个关键原则。这一原则强调在整个建设过程中，始终把满足人的需求和利益作为首要目标和出发点。档案信息化建设的最终目标是服务于人，因此在设计和实施过程中需要充分考虑用户的需求和体验。

以人为本原则，要求档案管理机构在档案信息化建设中以用户需求为导向，从用户的角度出发，深入了解和分析用户的需求，如用户对档案的检索、使用、管理等各方面的需求。档案管理机构基于这些需求进行系统设计和功能设置，可以使信息系统更好地服务于用户。

除了满足用户的基本需求，档案管理机构还应注重提升用户的使用体验，包括系统的易用性、交互设计、响应速度等。通过优化用户体验，档案管理机构可以提升用户对系统的满意度和使用效率。

档案管理机构在进行档案信息系统的设计时，应考虑到用户的使用习惯和心理预期，使系统的使用尽可能简单和直观。此外，档案管理机构还应考虑到不同用户的特殊需求，如为视觉障碍用户提供无障碍访问功能。

以人为本原则，还要求档案管理机构在进行档案信息化建设时，应遵循社会和伦理规范，尊重用户的隐私权和知识产权，防止信息的滥用和泄露。

（二）信息共享原则

信息共享原则是档案信息化建设中的重要原则之一，尤其是在档案信息化建设过程中，它强调将信息资源视为公共资源，让人们可以充分利用这些信息资源开展学习或研究，从而提高信息资源的使用效率。档案管理机构应建立和维护一个开放和共享的档案信息平台，让合法用户能够方便地访问和使用档案信息。这个平台应当具有良好的互操作性和可扩展性，使不同的系统和应用能够实现信息共享。为了方便信息共享，档案管理机构需要提供标准化的数据接口，以使不同的系统和应用能够方便地读取和使用档案信息。

需要注意的是，档案管理机构应当保证信息共享过程中信息的安全和用户的隐私，建立起一套完善的安全保护机制和隐私保护政策，防止信息的滥用和泄露。用户在进行信息共享时，需要遵守相关的法律法规，特别是关于信息安全和隐私保护的法律法规。

（三）持续发展原则

在档案信息化建设中，持续发展原则是一条关键的原则。它要求档案管理机构在实施过程中，考虑到当前的需求和未来的可能性，保证项目的长期可持续发展和更新。换言之，它强调的是长远视角和持久投入，而不仅仅是短期的目标和效益。

持续发展原则，要求档案管理机构制订出一个长期的发展规划，包括技术选型、系统设计、人才培养等各个方面。这个规划需要考虑到未来的业务发展和技术变革，保证系统的长期有效性和适应性。从成本投入来看，档案信息化建设不仅需要初期的大量投入，而且需要持续的运营和维护投入，如系统的更新、人员的培训、用户的服务等。因此，效益问题也是档案管理机构实施档案信息化持续发展建设的重要考虑因素。

（四）注重效益原则

这里的效益主要包括功能效益、利用效益和成本效益。

功能效益主要是指系统的功能效益，系统的功能状况是衡量信息化建设的重要指标。在档案信息化建设初期，系统功能的设计、开发以及软硬件设备的配置等占有很大的投入比重，它影响着系统功能的全面性、便捷性、安全性、稳定性等多方面内容。如果一个系统能够满足上述多方面要求，我们便认为该系统的功能效益较高；反之，则认为该系统的功能效益较低。

利用效益是指信息化系统能够进行各种专职性信息利用的程度。一般来看，信息化系统的针对性越强，用户的满意度越高，那么信息化系统的利用效益就越高。与此同时，用户的满意度与信息的覆盖面、新增信息的周期性和及时性存在一定联系。因此，档案管理机构想要提高档案的利用效益，就应该定期扩大档案信息的覆盖范围，及时增进社会的有用信息，提高信息利用的针对性和用户的满意度。

成本效益可以用于评估项目、计划或决策的总体经济价值。它涉及对项目的所有预期成本和收益进行定量化和货币化的度量，以确定这些项目是否值得投资，或者哪个方案更具经济效益。档案信息化是一项长期的系统工程，特别是网络技术的运用，使整个系统的构造变得更为复杂，技术需求更高。因此，系统的运用和管理，不只在技术层面对管理人员提出了挑战，在经济方面也需要较大的投资。为提升档案信息化建设的成本效益，档案管理机构在进行档案信息化建设时，必须以成熟的技术作为支撑，保证系统建成后的日常维护和管理能以相对较低的费用来维持。另外，在系统建设过程中，档案管理机构必须对未来系统升级的兼容性进行充分考虑。如果一个系统功能尚可，但生命周期过于短暂，一两年之后便无法进行扩展，原有系统无法再次利用，只能购买新的系统，那么这种系统建设便没有遵循效益的原则。也可以说，这样的系统在成熟度上尚有欠缺，无法在市场上得到广泛推广和应用。

总之，在档案信息化建设过程中，档案管理机构要注重效益问题，追求效益最大化，通过优化的投资策略，用相对较少的资金获得优良的经济效益，以达成预定的目标。如此，便能促使档案信息化建设走上一条良性的发展轨道，并推动信息化建设朝着持续、稳定和健康的方向发展。

（五）动态扩展原则

动态扩展原则是档案信息化建设的重要原则之一，它强调系统的灵活性和可扩展性。档案信息化系统是一个开放的、发展的系统，需要随着业务需求的变化和技术的进一步发展进行不断扩展和升级。

动态扩展原则要求在系统设计和实施过程中，不仅要考虑到当前的需求，而且要预留足够的空间，以便于未来的扩展和升级。

（六）确保安全原则

确保安全原则强调保护信息系统和内部数据不受任何形式的潜在威胁，包括外部攻击、内部滥用、自然灾害、技术故障等。

在档案信息化建设中，确保安全原则主要涉及数据安全、系统安全、物理条件安全，如图 2-1 所示。

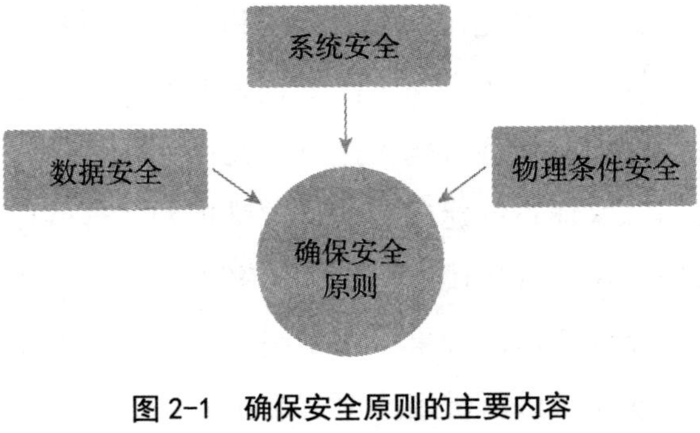

图 2-1　确保安全原则的主要内容

1. 数据安全

随着数字化和网络化的发展，档案数据的安全性和保密性问题日益突出。一方面，档案数据往往包含了大量的敏感信息，如个人隐私、商业秘密等，如果被非法访问或泄露，可能会对相关人员和组织造成严重损害。另一方面，档案数据是档案工作的基础，如果数据丢失或损坏，可能会影响档案的完整性和可用性。因此，数据安全建设对档案信息化建设非常重要。

2. 系统安全

档案信息系统需要能够抵抗各种形式的攻击，如病毒、黑客攻击、拒绝服务攻击等。因此，档案管理机构在进行档案信息化建设时，需要使用安全的技术和设备辅助工作，并制定出一套完善的安全管理制度和应急处理机制。

3. 物理条件安全

档案信息系统的硬件设备，如服务器、存储设备、网络设备等，需要放置在一个安全的环境中，防止因火灾、水灾、电力故障等自然灾害和人为破坏导致的损失。

在手动操作的条件下，档案的安全保护工作主要集中在保密性上。然而，在电子环境中，档案的安全保护工作不仅要防止信息泄露，还需要防止数字信息的丢失、失真以及无法访问的情况。由于磁性和光学媒介的存储密度高，因此一个存储设备的丢失可能导致数千份档案的消失。无处不在的网络，虽然给人们带来了无限便捷，但也为非法使用提供了可乘之机，如非法修改、非法删除、信息泄露等。因此，信息时代的档案安全保护难度明显增大，这就要求档案管理机构在完善制度、统一标准的基础上，进一步强化档案信息的安全保障工作，正确处理信息开放与安全保密的关系，构建信息安全保障体系，以全面维护数字档案信息资源的安全。

四、档案信息化建设的基本理论

（一）文件生命周期理论

文件生命周期理论是档案全过程管理的基本理论，它因管理海量纸质文件的需要而产生并迅速普及，成为文档管理的常用概念。

“文件生命周期理论”这一概念是由美国档案学者菲利普·布鲁克斯（Philip Brooks）在20世纪40年代提出的。文件生命周期理论揭示了文件从形成到销毁或作为档案保存的整个运动规律和管理过程，为文件的科学管理奠定了基础。

该理论认为，文件具有一定的生命周期，它从创建、使用到销毁或永久保存是一个完整的运动过程。在这一过程中，由于文件价值形态的变化，可将文件生命划分为若干个阶段。文件在每一个阶段因价值形态的不同，保存场所、管理方式及服务对象也不同。同时，文件的价值形态与其保存场所、管理方式及服务对象之间存在对应关系。

该理论将文件运动过程划分为现行阶段、半现行阶段和非现行阶段，这三个阶段具有其独特性和管理要求，如表2-1所示。

表2-1　文件生命周期的三个阶段

生命阶段	保存场所	价值特点	保管期限	服务对象
现行阶段	现行管理机构	原始价值，如财务、凭证、法律、科技价值	未办理完毕	本管理机构
半现行阶段	管理机构档案室	原始价值逐渐衰减，档案价值逐渐增加	短期	主要是本管理机构
非现行阶段	档案馆	档案价值，如证据、情报价值	长期和永久	整个社会

1. 现行阶段

现行阶段的文件具有现行效用，处于管理机构文件的流转过程中，待文件承办完毕后，则需要根据其价值大小决定是否归档保存或销毁。在这个阶段，文件为某一特定的任务或活动所生成，并且会被频繁地访问和使用。文件在这一阶段的管理重点是确保文件的准确性、完整性和可用性，以便满足日常业务操作的需求。

2. 半现行阶段

当文件的活动使用频率开始下降，但又不能完全销毁的时候，文件就进入了半现行阶段。这一阶段的文件，是归档保存的文件，通常是由于其对某些特定任务或法律要求的长期参考价值而被保留，具有一定的参考作用和过渡性。文件在这一阶段的管理重点是对文件进行适当的存储和保护，以防止文件的损坏或丢失。

3. 非现行阶段

当文件不再为日常业务操作所需，也不需要长期参考，但仍需要因其历史价值而被永久保存时，文件就进入了非现行阶段。这个阶段的文件通常会被转交给专门的档案机构进行管理和保存。文件在这一阶段的管理重点是对文件进行恰当的归档和保存，以确保其对未来研究和参考的可用性。

从整体来看，随着文件原始价值的削减和档案价值的增加，文件的保管场所相应地发生了变化，从管理机构内部到管理机构档案室，最终被移交到档案馆；文件的服务对象也逐渐由内向外，服务方式经历了一个从封闭到开放的过程。

文件生命周期理论为传统档案管理提供了重要的理论指导，奠定了确立文件分阶段管理和全过程管理的理论基础。在电子文件管理的领域中，尽管文件生命周期理论在某些具体问题上存在一定的局限性，但它仍然在宏观层面上具有深远的理论指导价值。其原因在于，文件生命周期理论提供了一个对文件运动规律的客观描绘，而电子文件，尽管在载体形式和生成环境上存在特殊性，但仍然拥有文件的基本属性，并且需要经历从产生到销毁或永久保存的完整生命周期。因此，电子文件的运动过程仍然展现出阶段性特征，尽管各阶段的界限可能更加模糊，运动特征也可能发生改变。另外，尽管电子文件的价值形态与相关因素之间的对应关系已经减弱，但并未完全消失。总之，无论是纸质文件还是电子文件，都具有明显的线性运动特征。基于此，除指导传统档案管理外，文件生命周期理论也为档案信息化建设提供了重要的理论支撑。

文件生命周期理论对档案信息化建设的指导性贡献主要体现在以下两个方面：一是文件生命周期理论强调了在电子文件管理的最初阶段，档案管理者采用档案管理的视角进行有效的前置控制的重要性。这意味着，与处理纸质文件相比，档案管理部门及其工作人员可能需要更早地介入电子文件的生命周期。二是根据文件生命周期理论，对电子文件的前端控制不应仅限于系统设计阶段，而应扩展到后续的生成和维护阶段。换言之，对电子文件的全过程都需要进行精细和严格的控制。

（二）文件连续体理论

文件连续体理论是由澳大利亚的档案学家弗兰克·阿普沃德（Frank Upward）在 20 世纪 90 年代初提出的一个概念。这一理论是对传统档案管理理论的一种补充和发展，它揭示了文件形成、运转、保存和利用的一体化管理的理念。其理论模型如图 2-2 所示。

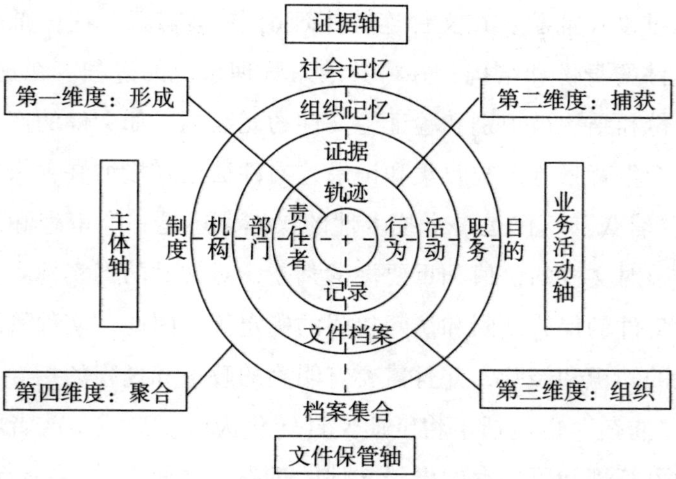

图 2-2　文件连续体理论模型[①]

文件连续体理论强调文件（或记录）的生命周期不是线性的阶段，而是一个连续的过程，从产生到利用，都在一个交叉的、多维的空间中发生。该理论提出了四个维度。

第一维度：形成。文件的形成并非随意行为，而是由特定的业务需要、法律规定或组织规程驱动的。它涉及确定哪些信息需要被记录下来，以何种形式和结构记录，以及何时进行记录。在这个阶段，文件的内容、形式和结构应该能够准确、完整、可靠地反映其来源的业务活动。需要确定记录的信息不仅包括文件的主要信息内容，而且包括文件的元数据，如文件的产生者、产生时间、产生背景等。此外，文件的形成也应考虑到文件的后续管理和利用需求。例如，应选择适合长期保存和访问的文件格式，应按照一定的规则或标准对文件进行命名和描述，应设置适当的访问权限等。文件的形成维度，强调的是文件的产生应是有意识、有计划、有制度的，而非偶然的、随意的。这对于保证文件的质量、提高文件的使用价值，以及实现有效的文件管理具有重要意义。

① UPWARD F. Structuring the records continuum-part one：post-custodial principles and properties[J].Archives and Manuscripts, 1996, 24（2）：268-285.

第二维度：捕获。在文件连续体理论中，“捕获”这一维度主要是指确定文件的身份和结构，并将其纳入管理系统的过程。在这个阶段，文件的身份和结构被识别和验证，文件的元数据（如文件的产生者、产生时间、产生背景等）被收集和记录，文件被正式接纳并存入文件管理系统中。“捕获”不仅是一个技术性的操作，还是一个审查和决策的过程。它涉及对文件的价值和重要性的判断，对文件的真实性和完整性的验证，对文件的保管期限和访问权限的确定等。因此，文件管理者需要具有专业的知识和经验，并且需要有明确的政策和规程的指导。在数字环境中，“捕获”也包括了将纸质文件转化为电子形式，或者将电子信息转化为可管理和可保存的电子文件的过程。这通常需要一定的技术手段，如扫描、光学字符识别、数据抓取等。

第三维度：组织。“组织”这一维度主要涉及文件的分类、排列和描述，以便于文件后续的管理与利用。文件的分类是将文件按照一定的规则或标准进行分组的过程。它可以根据文件的产生者、主题、形式、类型等不同的属性进行。文件的排列是将文件按照一定的顺序进行排列的过程。它可以根据文件的日期、编号、标题等不同的属性进行。文件的描述是对文件内容和特性进行概括和解释的过程。它通常包括文件的标题、日期、产生者、摘要、关键词等信息。

第四维度：聚合。这一维度主要强调将各类文件融入一个全面的框架中，以提供集体的、社会的、历史的、文化的记忆，从而满足管理机构的社会目的。这种整合使文件作为基本的证据资源，能够承载并发挥出社会记忆的功能，这在广泛的社会范围内体现了文件的保护和利用的重要性。因此，这一维度的核心职责在于从宏观角度理解和掌握文件管理，主导并推动文件管理系统的设计和建立。可以认为，第三维度和第四维度都扮演着控制、调节、标准化和审查的角色。

文件连续体理论强调，文件的管理和利用不应该是线性的、阶段性的，而应该是整体的、全过程的。它提倡在文件的全生命周期中，文件管理者从一开始就应该考虑文件的最终用途以及如何有效地管理和保护文件。这种视角对于现代的数字档案管理具有十分重要的指导意义。

（三）档案价值理论

档案价值理论主要研究的是如何判断档案的价值，以决定哪些档案应该被保存，哪些档案可以被销毁。档案价值理论主要基于档案的两种价值：行政价值和历史价值。行政价值是指档案在完成其原有功能后，对于组织内部的管理和运营仍有使用的价值，这种价值一般存在于档案的现行阶段和半现行阶段。历史价值则是指档案对于历史研究和社会记忆的价值，这种价值往往在档案进入非现行阶段后才能体现出来。在实际的档案管理中，档案价值鉴定是一个持续的过程，需要档案管理者根据档案的内容、形式、使用频率等因素进行动态评估。此外，由于档案的价值往往是相对的，因此档案管理者在价值鉴定时还需要考虑档案的唯一性、完整性、代表性等因素。

档案价值理论是档案鉴定的理论依据和档案信息化建设的基础。从档案鉴定方面来看，档案价值理论为档案管理者决定哪些档案具有长期保存价值提供了理论指导。档案的行政价值和历史价值，档案的唯一性、完整性和代表性等，都是鉴定档案是否应被保存的重要因素。这种鉴定过程需要对档案进行深入理解和评估，而档案价值理论就提供了进行这种评估的理论工具和方法。从档案信息化建设方面来看，档案信息化建设需要大量的资源，因此档案管理者需要通过档案价值理论来确定档案的价值大小，以优先进行数字化。此外，档案的价值也会影响信息化建设的方法和策略。例如，具有高度历史价值的档案可能需要更高的数字化质量，以保留其原始信息的细节。

第二节 我国档案信息化建设的历程

一、初始阶段

我国档案信息化建设的初始阶段开始于20世纪七八十年代。随着计算机技术的初步应用，人们开始认识到信息技术在档案管理中的潜力。在这个阶段，档案信息化建设的主要工作是利用计算机进行档案信息的统计和查询。

这一阶段的显著特点是信息技术，特别是计算机技术在档案管理中的初步应用。在这个阶段，计算机技术的引入被视为一种创新的尝试和探索。档案管理机构开始认识到，应用数字技术可以大幅度提高档案管理的效率，减少人力、物力的投入，同时也能够提高档案信息的准确性和一致性。在这个阶段，档案信息化的推进主要取决于各个档案管理机构的自我觉察和自我推动。虽然各机构间的进度和水平可能存在差异，但这种自我驱动的特性为档案信息化的发展提供了生机和可能性。

此阶段以单机系统为主，这是由当时的技术环境和应用需求所决定的。在当时，网络技术还不成熟，因此，大部分的档案信息化应用都是基于单机系统来实现的。这种方式虽然受限于设备的物理位置，但相较于传统的纸质档案管理方式，单机系统仍然显著提升了档案管理的效率。

这个阶段的重点是基于机读目录的档案辅助管理系统。机读目录是将档案目录数字化，使档案的检索和查询可以通过计算机进行。这一进步不仅提升了档案管理的效率，而且为档案信息的进一步利用和分享打下了基础。但是由于技术限制，这个阶段的档案信息化建设往往无法实现档案信息的远程访问和共享，档案信息的使用和利用仍然受到诸多限制。

二、发展阶段

我国档案信息化建设的发展阶段开始于20世纪90年代。随着信息技术的进一步发展，特别是数据库技术和网络技术的广泛应用，我国档案信息化建设开始向深度和广度两个方向发展。

从深度上看，这一时期的档案管理虽仍维持传统的文档分离管理模式，以传统文件为主、电子文件为辅，但已形成了档案目录计算机管理与电子文件脱机备份相结合的管理方式。部分单位档案部门还实现了档案管理自动化，做到了电子文件的实时归档，即时提供利用。办公自动化、计算机辅助设计、计算机辅助制造等技术在档案管理的关键环节都得到了较为广泛的应用。

从广度上看，这一阶段，电子文件的种类和数量呈现出爆炸式的增长。这一变化在为档案管理工作提供了前所未有的便利的同时，也带来了一些前所未有的挑战，尤其是关于如何保障数字档案的原始性、真实性、完整性以及可靠性的问题。面对这种新的挑战，1999年，国家档案局针对电子文件管理的特殊需求，发布了《电子文件归档与电子档案管理办法》。该办法明确了电子文件归档和电子档案管理的基本原则和方法，为我国的电子文件管理工作提供了重要的指导。同年，《CAD电子文件光盘存储、归档与档案管理要求》出台，进一步规范了相关工作。

此阶段的档案信息化建设，是在电子文件的大潮中应运而生的，是在技术的推动下，为了解决新的挑战而进行的一系列探索和实践。虽然面临着一些挑战，但是也出现了很多积极的变化，这些变化无疑为我国档案信息化建设的发展开辟了新的道路。

三、提升阶段

我国档案信息化建设的提升阶段开始于21世纪初。随着信息技术的进一步发展，特别是大数据、云计算、人工智能等新技术的出现，我国档案信息化建设进入了全新的阶段。在这个阶段，档案信息化建设的主要工作不仅包括进一步提升档案的数字化水平，还包括利用新技术进行档案的智能化处理和服务，如智能检索、智能分类、智能鉴定等。

在这一阶段，档案事业在全国范围内实现了显著的发展，主要表现在档案管理部门对档案信息资源的开发利用上，并以此作为信息化建设的主要目标。这一阶段的相关规范和标准也得到了编制与实施，这有力地推动了档案信息化建设的进程。在国家档案局的引领下，全国的档案系统开展了一系列的科研活动，探索了新的档案信息化建设的方法，并产出了一些具有实际应用价值的科研成果。此外，馆藏档案的数字化加工和数字化服务得到了广泛的开展，电子文件的归档和归档后的管理系统也得到了逐步建立，一些条件较好的机构开始尝试使用档案管理信息系统的智能客户端运行模式。

在这一阶段，国家档案局制定并颁布了一系列的规范文件，如《电子文件归档与管理规范》《电子档案管理系统基本功能规定》，各省市自治区也根据自己的实际情况和发展特点，制定了相应的规范和实施方法。这些举措充分体现了国家主管部门对档案工作的高度重视，为我国档案事业的持续发展创造了有利的环境。

第三章

档案信息化建设的主要内容

第一节　档案信息化基础设施建设

一、档案信息化基础设施建设的内涵

档案信息化基础设施建设是指在档案管理工作中，使用信息技术手段，包括计算机硬件、软件、网络设施等，构建起档案信息化的物理和技术基础。在档案信息化基础设施建设中，软、硬件基础设施起着至关重要的作用，为档案信息资源的开发利用和信息技术的应用提供了基础支撑；信息网络则是档案信息化基础设施建设的核心。因此，如何在网络环境下构建符合特定要求的档案信息网络平台，是档案信息化基础设施建设的重中之重。

二、档案信息化基础设施建设的主要任务

档案信息化基础设施建设的主要任务包括以下三点。

（一）配置信息处理设备

配置信息处理设备是档案信息化基础设施建设的重要任务之一，主要涉及为档案管理工作提供各种必要且适用的硬件和软件设备，如计算机、网络设备等，以便能够高效地处理和管理档案信息资源。其中，计算机设备是关键的工具之一，包括了服务器。这些设备主要提供数据处理和存储的基础能力，支持档案信息的创建、整理、存储和查询等操作。网络设备主要用于构建局域网、互联网等网络环境，实现档案信息的传输和共享。

（二）建立和完善档案信息化网络

档案信息的处理和管理需要一个安全、稳定且可靠的网络环境。这需要档案管理机构建立适当的网络架构、配置网络设备，并采取必要的安全措施来保护档案信息的机密性和完整性。另外，档案管理机构在进行档案信息化网络的建设时，还应考虑档案信息的传输效率和可靠性，以确保用户能够快速访问和共享档案信息。

建立和完善档案信息化网络，能够为档案管理工作提供必要的技术支持和保障，能够在一定程度上提高档案信息的处理效率和准确性，促进档案信息的共享和利用，提升档案管理工作的效能和水平。

（三）选择数据存储设备与做好备份

1. 选择数据存储设备

数据存储设备是用于存储和保留数字数据的物理设备。它们是档案信息化基础设施中的重要组成部分，主要用于存储和保护档案信息，确保数据的安全性、可靠性和可访问性。在档案信息化建设中，信息的长期存储和访问与所选择的存储介质密切相关。一旦存储介质受损，其中所储存的信息可能会永久丢失。因此，选择适合的存储介质对于确保档案信息的安全和可靠来说至关重要。不同的数据类型和处理需求对存储介质有不同的要求。目前，主要的数据存储介质分为磁存储介质、光存储介质和电存储介质三种类型。

（1）磁存储介质。磁存储介质主要包括硬盘驱动器和磁带等。硬盘驱动器以其高速读写和较大的存储容量而被广泛应用于档案信息的存储。磁带具有高容量和相对低的成本，通常用于长期备份和归档。磁存储介质适用于需要频繁访问和处理数据的应用场景，可以提供较快的数据读写速度和较大的存储容量。

（2）光存储介质。光存储介质主要包括CD和DVD等。这些介质通过激光技术将数据以光学形式存储，并且具有良好的耐久性和可移植性。光存储介质能够提供较长的数据保存周期和较好的数据兼容性，适用于长期保存和归档档案信息。

（3）电存储介质。电存储介质主要是指闪存和固态硬盘（Solid State Drive，SSD）等。闪存以其低功耗、抗震抗磁、体积小巧等特点在移动设备和便携式存储中得到广泛应用。固态硬盘则在高速读写和可靠性方面具有优势，逐渐被用于档案信息的存储。电存储介质能够提供较快的数据传输速度和较好的数据持久性，适用于需要快速访问和高度可靠性的应用场景。

在选择存储介质时，档案管理机构需要考虑数据的重要性、存储容量要求、访问速度、数据可靠性和成本等因素。

2. 做好备份

备份是档案信息化建设中非常重要的环节，按其范围可分为系统备份和数据备份两个方面。

（1）系统备份。系统备份是指对整个档案信息化系统进行备份，包括操作系统、应用程序、配置文件等系统相关的数据。系统备份的目的是保证系统的完整性和可恢复性，以应对系统故障、硬件损坏或灾难性事件等情况。系统备份可以将整个系统状态快照保存下来，以便在需要恢复系统时，可以还原到备份时的状态。系统备份通常涉及系统镜像、虚拟机快照等技术手段，以确保系统的完整性和稳定性。

（2）数据备份。数据备份是指对档案信息化系统中的数据进行备份，包括用户创建的文件、数据库记录、日志文件等。数据备份的目的是保护数据的完整性和可恢复性，以应对数据丢失、损坏或误操作等情况。数据备份可以按照一定的策略进行，如全量备份、增量备份和差异备份，以缩减备份数据的大小和备份时间。

全量备份是指将整个数据集合完整地备份到备份介质中。在进行全量备份时，所有的文件和数据都被复制并存储，无论这些文件是否已经备份过或修改过。全量备份的优点是恢复速度较快，因为所有数据都包含在备份中，可以直接从备份中恢复任何文件。然而，全量备份占用较大的存储空间，并且备份过程需要较长的时间。因此，全量备份通常采用定期计划，如每周或每月进行一次。

增量备份是指备份自上一次全量备份或增量备份以来发生变化的文件和数据。在进行增量备份时，只有新增或修改的数据会被备份，减少了备份过程的时间和存储空间的占用。增量备份的优点是备份速度较快，节省了存储空间。然而，增量备份的恢复过程相对较复杂，需要首先恢复最近的全量备份，然后逐个应用增量备份来还原数据至最新状态。增量备份通常按照系统日志或时间戳来跟踪文件的修改，并定期进行备份。

差异备份是指备份自上一次全量备份以来发生变化的文件和数据。与增量备份不同的是，在进行差异备份时，只有全量备份和最近一次差异备份之间的差异数据会被备份。差异备份相对于增量备份而言，恢复数据的过程较为简单，只需要恢复最近一次的全量备份和的差异备份即可。然而，随着备份周期的增加，差异备份的存储空间需求会逐渐增大。

这些备份策略可以根据具体的需求和情况来选择。全量备份适用于需要频繁恢复数据的情况，增量备份和差异备份则适用于需要节省存储空间和备份时间的情况。在档案信息化建设中，根据档案数据的变化频率和恢复需求，可以结合使用全量备份、增量备份和差异备份，以达到最佳的备份效果。

另外，数据备份可以存储在本地设备上，如硬盘、磁带等，也可以存储在远程设备中或进行云存储。

三、档案信息化基础设施建设的实施策略

（一）全面规划与设计

在进行档案信息化基础设施建设之前，档案管理机构需要进行充分的规划和设计——确定项目的目标和需求，评估现有资源和技术条件，制订实施计划和时间表，以保证建设过程的顺利进行和目标的实现。

1. 确定项目的目标和需求

在规划和设计阶段，档案管理机构需要明确档案信息化基础设施建设的目标和需求。例如，确定提升档案管理效率、加强档案信息安全、促进档案信息共享和利用等方面的目标，以及确定对硬件设备、软件系统和网络架构等方面的需求。这些目标和需求，应与档案管理机构的发展战略和档案管理的实际情况相匹配。

2. 评估现有资源和技术条件

在规划和设计过程中，档案管理机构需要对现有的资源和技术条件进行全面评估，不仅要对现有的硬件设备、软件系统、网络基础设施等设备设施进行评估，了解其可用性、性能和扩展性，还要对设备设施所处的环境条件进行评估，以确保设备设施在使用过程中不会对人员或环境造成危害。评估结果将帮助档案管理机构确定是否需要更新或升级现有设备设施，并为后续的设备设施采购和系统设计提供依据。

3. 制订实施计划和时间表

基于目标和需求的确定以及现有资源和技术条件的评估，档案管理机构需要制订详细的实施计划和时间表，明确每个阶段的工作任务、时间要求和责任人。合理的时间安排和阶段性的目标设定有助于确保建设

过程的顺利进行，并提供对工作进展的有效监控和管理。

需要注意的是，全面规划和设计，要求档案管理机构综合考虑技术、经济和管理因素。在技术方面，档案管理机构需要选择适合的硬件设备、软件系统和网络架构，确保其能够满足档案管理的需求，并具备可扩展性和安全性。在经济方面，档案管理机构需要进行合理的投资规划，权衡投资与效益，确保建设过程的经济可行性和可持续性。在管理方面，档案管理机构需要建立合理的项目管理机制，明确责任分工和任务进度，加强沟通和协调，确保规划和设计的实施能够按时按质完成。

（二）遵循技术标准与规范

档案管理机构在档案信息化基础设施建设时，要选择符合国家和行业标准的技术方案，遵循信息安全和数据保护的相关规定与要求，以确保系统的稳定性和可靠性。国家和行业标准是根据相关法律法规和规范制定的，具有权威性和指导性。档案管理机构要选择符合标准的技术方案，这样可以确保档案管理系统与其他系统的互操作性，提高系统的兼容性和可扩展性，减少后续的技术障碍和风险。

档案信息化涉及大量敏感和机密信息，因此信息安全和数据保护是至关重要的。档案管理机构应遵循相关的法律法规和标准，制定相应的信息安全策略和数据保护措施。例如，对系统进行访问控制、数据加密、身份认证等方面的规定，可以确保系统的安全性和可信度，防止未经授权的访问、数据泄露或损坏。

除了国家和行业标准，档案管理机构还应遵循相关的技术规范。相关技术规范是针对档案信息化具体技术领域制定的详细规定，涵盖了硬件设备、软件系统、网络架构等方面的要求。遵循相关技术规范有助于确保设备和系统的相互兼容性、稳定性和可维护性，同时可以减少技术实施过程中的错误和风险，提高项目的成功率和效率。

（三）合理投资与成本控制

档案信息化基础设施建设需要相应的投资，因此档案管理机构应进行合理的投资规划和成本控制，考虑到长期运营和维护成本，权衡投资与效益，确保建设过程的经济可行性和可持续性。

1. 成本效益分析

在建设过程中，档案管理机构应进行成本效益分析，评估投资与预期收益之间的关系。成本效益分析主要是指对建设成本、运维成本、维护成本和预期收益进行综合考虑。通过成本效益分析，档案管理机构可以评估建设方案的经济效益，并对不同方案进行比较和选择，以实现最佳的投资效果。

2. 风险评估与控制

在进行投资决策时，档案管理机构需要进行风险评估，并采取相应的控制措施。风险评估主要是对项目的技术风险、市场风险和管理风险等方面进行分析和评估。通过识别和评估风险，档案管理机构可以采取相应的控制措施来降低风险对项目的影响，确保项目的顺利进行和投资的安全性。

3. 资金筹措与管理

为了实现合理投资和成本控制，档案管理机构需要制定有效的资金筹措和管理方案，包括确定项目的资金来源、制订资金计划和预算、进行资金的监管和跟踪等。通过合理的资金筹措和管理，档案管理机构可以确保项目的资金供应和使用的合理性，从而实现成本控制的目标。

第二节　档案信息化信息资源建设

一、档案信息化信息资源概述

（一）信息资源概述

1. 信息资源的定义

信息是普遍存在的，但并非所有的信息都是资源。只有满足一定条件的信息（有用的信息）才能构成信息资源。

信息资源有狭义和广义之分。狭义的信息资源，是指信息本身或信息内容。广义的信息资源，是指信息活动中各种要素的总称。要素包括信息本身、信息技术、设备、设施、信息生产者等。

除注明外，本书所指的信息资源是狭义的信息资源。

信息被视为与能源和材料一样重要的资源，成为当今世界的三大基础资源之一。信息资源广泛分布在社会的各个领域。它反映了各种事物的形态、内在规律和事物之间的联系。随着社会的发展，信息资源对国家和民族的进步、人们的工作和生活的影响越发明显，已经成为国家经济和社会发展的关键战略资源。

2. 信息资源的主要特点

与一般的自然资源、物质资源相比，信息资源具有以下几个特点。

第一，可重复性。信息资源与物质资源不同，其价值不会因为人类的使用而减少。相反，每一次的使用和共享都可能增加其价值，因为这一过程提升了人们对信息的理解、吸收和应用。

第二，目标导向性。信息资源的利用具有强烈的目标导向性，同一份信息资源对于不同的用户可能具有不同的价值。信息资源的利用者会根据自身的需求和目标来决定如何使用和理解信息资源。

第三，整合性。信息资源的整合性是指信息资源的检索和利用不受时间、空间、语言、地理位置和行业的限制。无论何时何地，只要有适当的工具和技术，用户都可以访问和使用信息资源。

第四，社会财富与商品性。信息资源既是社会财富，又是商品。作为社会财富，任何人都无法独占或永久控制信息资源的使用权。作为商品，信息资源可以被销售、交易，创造经济价值。

第五，流动性。信息资源可以快速、便捷地在不同的平台、设备和用户之间传递和共享。这种流动性可以使信息资源迅速扩散和普及，从而产生较大的社会和经济影响。

3. 常见信息资源的基本类型

信息资源的类型包括记录型信息资源（如图书）、实物型信息资源（如展览）、智力型信息资源（人脑存储的知识信息）、零次信息资源（由人直接口头或肢体传播的信息）。

按照以出版形式为主，以知识内容和载体形态为辅的综合划分方式，常见信息资源可分为图书、连续出版物、特种文献和非书资料四种基本类型，如图 3-1 所示。

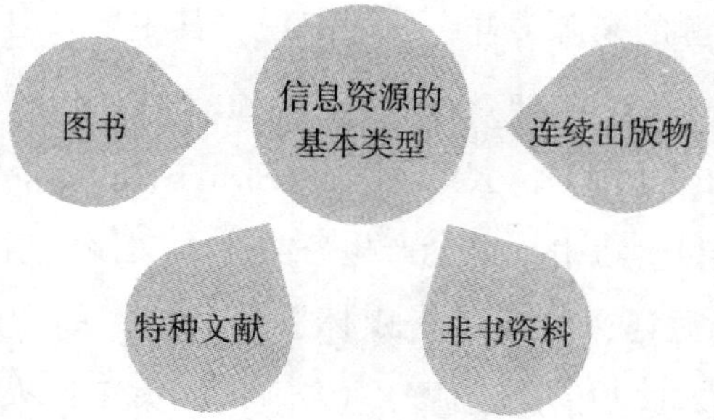

图 3-1　常见信息资源的基本类型

（1）图书。图书是较为传统的信息资源类型，包括纸质书籍、电子书籍等。图书通常包含系统的、完整的知识或信息，并且经过了专业的编辑和校对过程。

（2）连续出版物。这种类型的信息资源包括期刊、报纸、杂志等定期或不定期出版的出版物。连续出版物通常关注某一特定领域或主题，并提供最新的研究成果、新闻报道或分析评论。

（3）特种文献。这种类型的信息资源包括政府文件、学位论文、会议论文、专利文献、技术报告、产品资料等。这些文献通常具有特定的格式和内容要求，并且对某一特定问题或主题进行深入的研究和分析。

（4）非书资料。这种类型的信息资源包括音频、视频、图像、数据库、网页、软件等非文字形式的信息资源。这些资源具有生动形象、传播迅速、需借助设备使用等特点，可以通过多种方式进行传播和利用，例如通过互联网进行在线访问，或通过电子设备进行播放或使用。

这些不同类型的信息资源都有其各自特点和优势，适合于满足不同的信息需求。通过合理的组织和管理，这些信息资源可以为用户提供丰富的、有价值的信息服务。

（二）档案信息资源概述

1. 档案信息资源的来源

档案信息资源的来源多样，一般来说，其主要来自各类组织机构和个人的日常工作与生活活动。政府机构、企事业单位和社会团体在执行职能和提供服务的过程中，会产生大量的文件、报告、研究资料等。个人在学习、工作和生活中，也会产生各类个人文稿、信件、照片等。此外，档案信息资源还来源于各类媒体和出版物，如新闻报道、专业期刊、学术论文等。这些信息资源经过专业的档案工作人员的收集、整理和保管，就构成了档案信息资源。

2. 档案信息资源的范围

档案信息资源的范围广泛，包括机关、团体、企事业单位和其他组织以及个人生成的各类记录。这些记录包含文字、图像、声音等多种形式，涵盖政治、经济、文化、科技、教育等各个领域。另外，广义上的档案信息资源的范围还包括与档案相关的各种辅助工具和服务，如索引、目录、数据库、信息检索系统等。

3. 档案信息资源的配置

档案信息资源的配置是一个涉及时间、空间和数量的复杂过程。这个过程要求对档案信息资源的分布和利用进行合理的规划和管理，以实现档案信息资源的最大效益。

时间配置主要涉及档案信息资源的获取、处理、存储、使用和更新的时间安排。例如，定期对档案信息进行更新，以保证其时效性；合理安排档案信息的备份和归档时间，以防止信息丢失；根据用户的需求和行为，合理安排档案信息的开放和服务时间等。

空间配置主要是指档案管理机构根据档案信息资源的存储和访问要求所进行的地点安排。例如，合理规划档案存储空间，以实现高效的存储和检索；根据用户的地理分布和访问习惯，优化档案信息的网络访问路径，提高访问速度和用户体验等。

数量配置主要是指档案管理机构对档案信息资源的数量和质量所进行的控制。例如，根据用户的需求和使用情况，调整档案信息的数量和类型，以避免信息过载；定期对档案信息进行质量评估和优化，保证信息的准确性和可靠性等。

二、档案信息化信息资源建设的内容

档案信息资源建设是档案信息化建设的核心和关键。档案信息资源建设主要是指充分开发和利用档案资源，通过各种手段和技术，构建集数字化、电子化和网络化于一体的档案信息资源库。档案信息资源的开发和利用程度，标志着档案信息化发展的水平，决定了档案信息化建设的成效。

档案信息资源建设的主要内容包括档案信息资源的整合和管理、档案信息资源的存储和检索、档案信息资源的质量和可信度管理、档案信息资源的共享与利用。

（一）档案信息资源的整合和管理

档案信息资源建设要求对各类档案信息资源进行整合和管理，包括对纸质档案、电子文件、图像、声音和视频等不同形式的档案信息进行分类、编目、索引和标引等工作，以实现对档案信息资源的有效组织和管理。为做好档案信息资源的整合和管理工作，档案管理机构可以采取标准化描述、统一存储、统一索引和检索、整合工具和系统等措施，如图 3-2 所示。

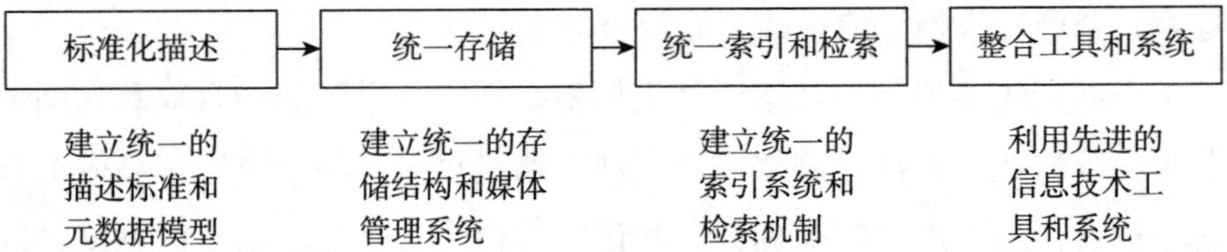

图 3-2　档案信息资源的整合和管理措施

1. 标准化描述

对于不同形式的档案信息，档案管理机构应建立统一的描述标准和元数据模型。通过统一的描述规范，对纸质档案、电子文件、图像、声音和视频等进行标识和描述，包括文件标题、创建日期、作者、关键词等重要信息，以便能够对不同形式的档案信息进行比较和整合。

2. 统一存储

档案管理机构应建立统一的存储结构和媒体管理系统，确保各种形式的档案信息能够按照规定的存储格式进行保存。例如，对于纸质档案，档案管理机构可以采用规范的文件盒、文件夹和文件架进行分类和存储；对于电子文件、图像、声音和视频等，档案管理机构可以利用数字化存储介质或云存储等技术进行保存和管理。

3. 统一索引和检索

档案管理机构应建立统一的索引系统和检索机制，将各种形式的档案信息的关键词、主题、人名、地名等提取出来，形成统一的索引和检索工具。通过统一的索引体系，档案管理机构可以实现跨形式的档案信息的快速定位和访问。

4. 整合工具和系统

档案管理机构可以利用先进的信息技术工具和系统，如档案管理信息系统、数字档案库等，来支持不同形式档案信息的整合和管理。这些工具和系统提供了强大的功能，可以对纸质档案、电子文件、图像、声音和视频等进行统一管理，以实现档案信息的整合。

需要注意的是，档案信息资源的管理是指对档案信息资源进行全面的管理，包括档案信息的采集、加工、存储、检索、传递、审计和销毁等环节。管理的目标是确保档案信息的安全性、完整性、可靠性和可追溯性。因此，档案管理机构在管理的过程中还需要建立适当的管理机制和流程，制定相关的规范和标准，并配备合适的人员和技术设备。

（二）档案信息资源的存储和检索

档案信息资源的存储和检索是指对档案信息进行有效的存储和快速

的检索，以便实现档案信息的保护、组织和利用。

档案信息资源的存储是指将各种形式的档案信息以安全、可靠的方式保存起来。存储的目的是确保档案信息的完整性、可访问性和长期保存性。合理的存储方式能够防止信息丢失、损坏或篡改，并提供便捷的访问途径。在存储过程中，档案管理机构需要注意选择适当的存储介质、制定规范的存储结构和管理方法，并采取数据备份和灾备措施，以保障档案信息的安全性和可持续性。

档案信息资源的检索是指根据用户的需求，快速、准确地找到所需的档案信息。通过检索，用户可以从大量的档案信息中筛选出符合特定要求的信息，以满足研究、管理和决策的需要。检索的目的是提高信息的可用性和利用效率。为了实现有效的检索，档案管理机构需要建立规范的索引和检索体系，采用标准化的描述方法和统一的关键词，构建易于使用的检索界面和工具，同时充分利用先进的技术和方法，提高检索的精度和速度。

档案信息资源建设要求档案管理机构建立合适的存储系统，以便存储大量的档案信息资源，并实现快速、准确的信息检索。这包括建立高容量的存储系统、开发和应用先进的检索工具和技术，如全文检索、语义检索和智能检索等，以提高档案信息的检索效率和准确性。

（三）档案信息资源的质量和可信度管理

档案信息资源建设要求档案管理机构对档案信息资源的质量和可信度进行管理和保障，确保档案信息的完整性、准确性、时效性和可追溯性以及防止信息的丢失、损坏和篡改。档案信息资源作为重要的历史和文化遗产，其质量和可信度直接影响研究、决策和法律诉讼的准确性和可靠性。保证档案信息资源的质量和可信度，有利于提高学术研究的精度，成为支持政策制定和法律诉讼的依据，维护社会的公正和公信力。对此，档案管理机构可以建立合理的信息质量管理机制、数据备份和恢复机制以及信息安全和数据保护措施，来确保档案信息资源的质量和可信度。

（四）档案信息资源的共享与利用

档案信息资源建设要求实现档案信息的共享与利用，建设档案信息共享平台和系统，推动档案信息的跨机构、跨部门和跨地域的共享与协作。开放档案信息资源建设，有助于提高信息的利用效率和知识的创新能力，促进学术研究、教育培训和公共服务等领域的发展。档案管理机构与其他组织机构需要从以下几个方面入手，以促进跨机构、跨部门和跨地域的档案信息共享与协作。

1. 档案信息共享平台建设

档案管理机构可以与其他组织机构联合建立档案信息共享平台，使档案信息能够实现方便共享。该平台应具备数据整合、数据标准化、数据安全和数据权限管理等功能，确保档案信息的一致性和安全性。

2. 跨机构和跨部门的协作机制

档案管理机构可以与其他组织机构建立协作机制，促进不同机构和部门之间的档案信息共享与合作。双方或多方可以制定协作协议、共享协议或数据交换协议，实现档案信息的跨机构和跨部门共享，提高档案信息资源的综合利用效益。

3. 数据开放和开放标准

采用开放的数据标准和格式，有利于档案信息系统与其他系统进行互操作，实现数据的无缝集成和共享。同时，档案管理机构积极推动档案信息的开放共享，通过开放数据接口等方式，能够使公众更广泛地获取和利用档案信息资源。

三、档案信息化信息资源建设的具体任务

档案信息化信息资源建设的具体任务主要包括档案目录数据库建设、档案目录中心建设、电子文件归档管理和数据质量管理，如图 3-3 所示。

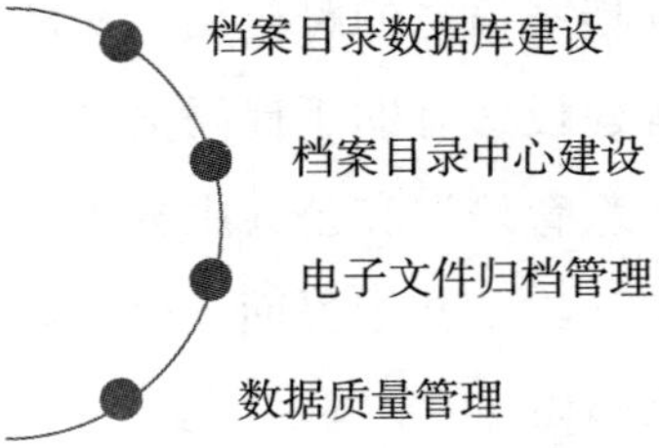

图 3-3　档案信息化信息资源建设的具体任务

（一）档案目录数据库建设

档案目录数据库建设是指建立和完善档案目录数据库，对各种档案材料进行分类、编目、归纳、整理和描述，为档案资源利用提供基础支持。档案目录数据库是档案管理工作中非常重要的一项内容，它记录了档案管理机构所收藏的各种档案材料的名称、类别、数量、时间、地点、题名、责任者等信息，并对这些档案材料进行分类编排，形成完整的档案目录体系。

（二）档案目录中心建设

档案目录中心建设，又称区域档案文献机读目录中心建设。档案目录中心是在集成各级、各类档案管理机构目录数据的基础上建立起来的档案目录数据交换与共享平台，它是实现更大范围内档案资源共享的有效手段。档案目录中心的建设，应采取档案内容划分与地域划分相结合的方针。以档案内容划分，应设立各种专业档案目录中心；以地域划分，应设立中央级目录中心、省级目录中心、地市级目录中心及县级目

录中心。这样，就形成了一个档案信息检索网络，进而促进实现档案资源共享。

（三）电子文件归档管理

电子文件归档管理是指将组织机构中产生的各种电子文件进行有效的分类、保存、检索、应用和销毁的管理活动。其目的是保证电子文件的安全性、完整性、可查性和便捷性，实现信息资源的有效利用和管理。在电子文件归档管理中，需要制定相关的规章制度和管理制度，包括文件分类体系、存储设备与技术、文件检索方法与流程等方面；同时，还需要对电子文件的生命周期进行全面管理，确保电子文件按照规定的期限被审批、归档、保存和销毁。电子文件归档管理是现代化信息管理的重要一环，可以提高组织机构的工作效率，降低管理成本，加强信息安全管理，推进信息化建设。

（四）数据质量管理

数据质量管理是确保档案信息资源可靠和可信的关键要点。档案管理机构需要制定数据质量管理策略和标准，确保档案信息的准确性、完整性和一致性，如加强数据采集、录入、清洗、校验等环节的规范和控制，建立数据质量监测和改进机制等。

档案管理机构需要明确数据质量管理的要求和目标，确定数据的准确性、完整性、一致性、及时性等关键指标，并制定相应的度量方法和评估标准。明确数据质量管理的目标和要求，可以为后续的数据质量控制和改进提供指导和依据。

数据质量管理涉及数据采集、录入、清洗、校验等环节的规范和控制。在数据采集阶段，档案管理机构需要明确数据的来源、采集方式和质量要求，确保数据源的可靠性和数据的准确性。在数据录入过程中，档案管理机构需要制定严格的录入规范和验证机制，减少数据录入错误和不一致性。此外，数据清洗和校验是保证数据质量的关键环节，通过清洗和校验措施，档案管理机构可以发现和纠正数据中的异常，提高数据的准确性和一致性。

建立数据质量监测和改进机制也是数据质量管理的重要内容。通过制定数据质量监测指标和方法，档案管理机构可以定期对档案信息进行质量评估和监测，发现潜在的数据质量问题。基于监测结果，档案管理机构可以采取相应的改进措施，包括修复数据错误、优化数据录入流程、完善数据验证规则等，从而提升数据质量水平。另外，档案管理机构应建立数据质量反馈机制，鼓励用户和相关人员报告数据质量问题，及时解决并改进。

第三节　档案信息化应用系统建设

应用系统建设是指在特定需求和目标的基础上，通过开发和构建软件、信息系统或其他计算机应用系统，以实现特定业务功能和提供相关服务的过程。档案信息化应用系统建设涉及档案管理软件的开发与应用、档案网站的建立与维护、档案信息系统的应用、信息安全保密技术及应用等工作，旨在通过科学的方法和技术手段，构建满足用户需求的高效、可靠的信息应用系统。

一、档案管理软件的开发与应用

为了更好地管理和利用档案资源，开发和应用档案管理软件是至关重要的。这些软件可以提供各种功能，如档案目录管理、数字化处理、文件检索、文档流转等，以帮助档案管理机构高效地管理档案信息和流程。档案管理机构在开发档案管理软件时，需要考虑业务需求、用户界面设计、数据安全性等因素，并确保软件的稳定性和易用性。

（一）档案管理软件的主要功能

1. 档案目录管理

档案目录管理是档案管理软件的一个核心功能。其主要任务是为档案信息建立一种清晰而有逻辑的组织形式，以使用户方便地查找和使用档案。它主要涉及档案信息的分类、索引、编目和存储管理等方面的工作。

在档案目录管理中，档案管理机构首先需要进行的是档案信息的分类工作。根据档案的性质、来源、内容等特点，档案管理机构可以将档案划分为不同的类别，如行政档案、业务档案、科技档案等。这样一来，用户在查找档案时，可以根据自己的需求，快速地定位到特定类别的档案。

档案的索引和编目也是档案目录管理中的重要内容之一。索引通常是根据档案的主题、关键词等信息，为档案建立一个便于检索的索引系统。编目则是对档案的详细描述，包括档案的题名、日期、责任者、摘要等信息。通过索引和编目，用户可以更准确、全面地了解档案的内容。

此外，档案目录管理还涉及档案的存储管理。档案管理机构需要确定档案的存储位置，建立档案的物理路径与逻辑路径的对应关系；同时，还需要对档案的存储状态进行监控，以确保档案的安全性和完整性。

2. 数字化处理

数字化处理功能是档案管理软件的核心组成部分。其主要目标是将实物档案转换为数字格式，从而便于存储、检索、传输和利用。这种转换过程通常包括扫描、图像处理、光学字符识别、元数据提取等步骤，并涉及多种技术和方法。

扫描是数字化处理的第一步，即通过高分辨率的扫描设备，将实物档案转换为数字图像。这个过程需要考虑到扫描的清晰度、颜色准确性、文件大小等因素，并可能需要进行一些预处理操作，如文件的平整、定位、翻页等。

图像处理是对扫描得到的数字图像进行优化和调整的过程，包括去噪、增强、分割、旋转、缩放等操作。这个过程的目标是提高图像的可读性和可识别性，以便于后续的光学字符识别和元数据提取。

光学字符识别是将图像中的文字信息转换为可编辑的文本信息的过程，这通常需要采用复杂的机器学习算法和大量的训练数据。通过光学字符识别，可以大大提高档案信息的可利用性和可检索性。

元数据提取是从文本信息中提取关键的描述性信息，如档案的题名、主题、日期、作者等。这些元数据对于后续的档案管理和检索是至关重要的。

3. 文件检索

文件检索的主要目标是以高效率和准确性提取和呈现特定的档案信息。该功能可以为用户提供快速、方便、精确的手段，以便在庞大的档案信息中迅速找到他们所需的信息。

文件检索功能以信息检索技术和算法作为支撑。为了保证检索的准确性和高效性，档案管理机构需要对检索技术和算法有所了解，并对档案进行精细的编码和标记，包括档案的题名、主题、日期、作者、关键词等元数据的采集和管理。此外，为了提高检索的灵活性和用户体验感，档案管理机构可以设计和使用多种检索方式，如关键词检索、全文检索、分类检索、组合检索等。

检索结果的排序和呈现也是文件检索功能的重要部分。可根据一定的排序算法，如基于相关性的排序、基于日期的排序等，将最相关或者最新的档案信息优先呈现给用户。同时，友好的用户界面和交互方式是非常重要的，能够使用户方便地浏览和获取检索结果。

4. 文档流转

文档流转功能主要涉及档案的创建和接收、存储和检索、分发和审批以及销毁等流程，如图 3-4 所示。文档流转功能的目标是提高档案的流动效率，确保档案的安全性，以及满足合规性要求。

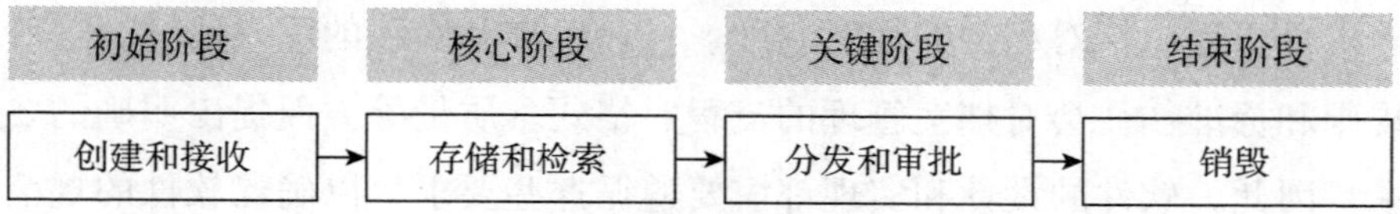

图 3-4 文档流转功能涉及的主要流程

创建和接收是文档流转的初始阶段。在这个阶段，用户可以创建新的档案，或者接收外部发送的档案。档案管理软件需要提供简便的用户界面，以使用户方便地输入和上传档案信息。此外，档案管理软件还需要进行一些初步的检查和验证，如检查档案的格式和大小、验证档案的完整性和真实性等。

存储和检索是文档流转的核心阶段。在这个阶段，档案管理软件需要提供高效的存储机制，以便快速地存取大量的档案。同时，档案管理软件还需要提供强大的检索功能，以便用户快速地查找和访问所需的档案。这通常需要采用复杂的数据库系统和先进的检索算法。

分发和审批是文档流转的关键阶段。在这个阶段，档案管理软件需要提供灵活的分发机制，以便将档案发送给正确的接收者。同时，档案管理软件还需要提供严格的审批流程，以确保档案的合规性和安全性。这通常需要集成电子签名、审计跟踪、访问控制等技术。

销毁是文档流转的结束阶段。在这个阶段，档案管理软件需要提供安全的销毁机制，以便彻底地删除过期或不再需要的档案。这个过程需要符合相关规定，如保留期限、销毁方法、销毁证明等。

（二）档案管理软件开发与应用的考虑因素

1. 业务需求分析

在档案管理软件的开发过程中，深入理解和精确把握档案管理的业务需求是至关重要的步骤。这涉及对档案管理的各个环节，包括档案的创建、分类、存储、检索、利用和销毁等过程的全面考察。同时，业务需求分析还包括对相关的规章制度、行业标准和实践的深入研究。这些规则和标准往往会对档案管理的流程、格式、质量等方面提出明确的要求。因此，软件的设计和实现都需要遵循这些要求，以确保软件的规范性和合规性。

2. 用户界面设计

用户界面设计是影响档案管理软件使用体验的重要因素。一个优秀的用户界面不仅具备美观的视觉效果，而且能够提供简洁明了、操作便捷的用户交互体验。在用户界面设计中，档案管理机构需要注意的关键点包括界面布局的合理性、颜色搭配的协调性、字体设计的易读性等。此外，还需要考虑到不同用户群体的操作习惯和技能水平。

3. 数据安全性

鉴于档案信息的重要性和敏感性，保证数据安全性是档案管理机构开发与应用档案管理软件的重要任务。首先，档案管理机构应实现数据的加密存储和传输，以防止数据在存储和传输过程中被泄露。其次，档案管理机构需要有完善的数据备份和恢复机制，以防止因硬件故障、软件故障或人为操作错误等原因导致的数据丢失。最后，档案管理机构应有严格的访问控制和审计跟踪机制，以确保只有经过授权的用户才能访问和操作数据，同时应追踪和记录所有的数据操作行为，以便在必要时进行审计和调查。

二、档案网站的建立与维护

随着数字化时代的到来，建立档案网站成为一些档案管理机构的重要举措。档案网站可以提供在线档案检索、数字档案展示、档案服务申请等功能，方便用户远程访问和利用档案资源。建立档案网站，档案管理机构需要考虑网站的架构设计、信息分类和检索机制、用户界面等问题，同时还需要进行定期的维护和更新，以保证网站的正常运行和内容的准确性。

（一）档案网站的特点

一个优秀的档案网站应该具备以下四方面特点。

（1）基于用户群分析的网站内容范围。档案网站内容应根据用户群体的需求和兴趣确定，确保网站提供的信息对用户具有实际价值。

（2）合乎逻辑和用户习惯的内容分类体系。档案网站的内容应该采用合理的分类体系，使用户能够快速、准确地找到所需的档案信息。档案网站通常采用自顶而下的树状分类结构，将信息按照主题、部门、时间等维度进行分类，以便用户浏览和检索。

（3）友善的信息导航系统。档案网站应提供友善的信息导航系统，包括站点地图、站内检索引擎、常见问题解答等。这些功能的设计和布局，可以使用户清晰地了解网站的结构和内容，并方便地进行信息的查找和导航。

（4）完备的信息检索系统。档案网站应该具备多种途径的档案检索方式，以满足不同用户的需求。这包括关键词检索、高级检索、分类检索等多种检索方式以及搜索引擎的支持，确保用户能够快速、准确地获取所需的档案信息。

（二）档案网站的作用

1. 档案宣传的新方式

继报纸、广播、电视之后，互联网有效地突破传统档案宣传方式的种种限制，成为档案管理机构强化并深化宣传工作的新途径。档案管理机构可以通过线上平台，广泛地向社会公众展示档案的价值和意义，提高档案的社会认知度。

档案管理机构通过档案网站进行宣传的主要优势包括以下几点：第一，动态丰富，综合了文字、声音、影像等元素，更容易被用户接受。第二，传播迅速，覆盖范围广泛，不受时间和空间的束缚。第三，具有较强的针对性。档案网站的访问者和利用者通常有档案信息需求，能够通过自助查询找到所需的信息资源，从而获得良好的体验。这可以对用户形成正向宣传效果。第四，兼容并包，档案网站能与报纸、广播、电视等多种宣传方式形成联动互补。

2. 档案信息服务的平台

档案网站可以提供在线档案检索、档案信息查询、数字档案下载等服务，以方便用户随时随地获取和利用档案信息。此外，档案网站还可以提供档案咨询、档案教育和培训等增值服务，来满足用户的多元化需求。

档案管理机构可以充分利用互联网的广泛分布性、开放性、动态性和非线性等特点，在网站发布馆藏指南和检索目录，并定期或不定期更新，让网站成为一个档案信息服务渠道。

在传统的档案服务里，一些档案管理机构开展了多种形式的服务活动，如函电代查、代抄、代复制等。随着网络的发展和普及，电子邮件作为互联网提供的一种快速、高效、方便且经济的信息传递方式，不仅可以传递文字信息，还可以传递声音、图像、影像等多媒体信息。档案管理机构可以通过电子邮件为用户提供更及时、准确、全面的信息服务。

（三）档案网站的具体功能

档案网站的具体功能主要包括档案检索、档案管理、档案行政、档案宣传、交流互动、文化展示等内容，不同的功能又可以细分出不同的子功能，如图 3-5 所示。

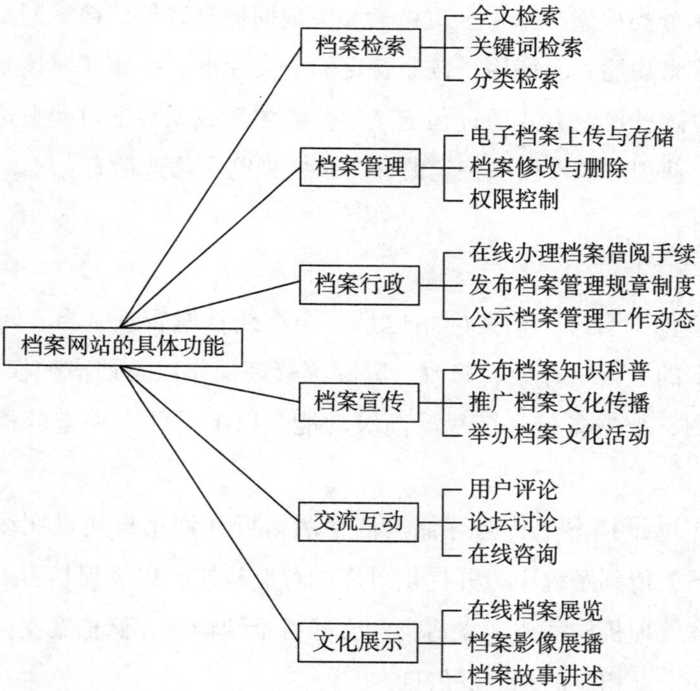

图 3-5　档案网站的具体功能

1. 档案检索

档案网站应具备强大的档案检索功能，包括全文检索、关键词检索、分类检索等，以便用户可以根据信息需求进行精准、快速的档案查找。

（1）全文检索。档案网站应提供全文检索功能，允许用户通过输入关键词、短语或完整的句子来进行检索。这种检索方式利用文本索引技术，能够对大量文档进行高效的全文匹配，从而快速找到相关的档案。

（2）关键词检索。档案网站还应支持关键词检索功能，让用户能够通过输入关键词来查找相关的档案。关键词检索通常通过对用户输入的关键词与预定义的关键词列表或自动生成的关键词标签进行匹配，从而实现对档案的分类和筛选。

（3）分类检索。除了全文检索和关键词检索以外，档案网站还应提供分类检索功能，允许用户按照特定的分类标准、主题或属性对档案进行检索。这种检索方式通过预定义的分类体系或元数据对档案进行组织和分类，使用户能够按照特定的分类结构浏览和筛选档案。

2. 档案管理

除宣传平台外，档案网站也是一个在线档案管理平台，可以实现电子档案的上传、存储、修改、删除等管理操作以及档案的权限控制、版本控制、数据备份和恢复等高级功能。以下是几个关键的档案管理功能。

（1）电子档案上传与存储。档案网站可允许用户通过在线界面将电子档案上传到系统中，并提供可靠的存储机制，以确保档案的安全保存。档案管理机构需要建立适当的文件目录结构、存储档案文件的物理位置，并记录相关的元数据信息。

（2）档案修改与删除。档案网站可允许授权用户对已上传的档案进行修改或删除操作，以确保档案信息的准确性和实时性。用户可以通过在线编辑工具对档案内容进行修改，并可以删除不再需要的档案。

（3）权限控制。为了确保档案的安全性和保密性，档案网站应提供权限控制功能，以限制用户对档案的访问和操作权限。管理员可以设定不同用户角色的权限级别，确保只有经过授权的用户才能查看、编辑或删除特定档案。

3. 档案行政

档案网站可以提供档案行政管理服务，如在线办理档案借阅手续、发布档案管理规章制度、公示档案管理工作动态等。

（1）在线办理档案借阅手续。档案网站可以提供在线办理档案借阅手续的功能，使用户能够通过网站快速申请借阅所需档案。用户可以填写借阅申请表格、选择借阅日期和归还期限，并提供必要的身份验证和借阅目的说明。管理员在审核后，通知用户借阅结果并安排档案的领取。

（2）发布档案管理规章制度。档案网站可以发布档案管理规章制度，向用户提供档案管理的相关政策、规则和操作规程等。这些规章制度可以涵盖档案保管、归档、借阅、销毁等方面的规定，帮助用户了解并遵守相关的档案管理规范。

（3）公示档案管理工作动态。档案网站可以发布档案管理工作的动态信息，如档案管理机构的活动通知、档案资源新增或更新情况、档案管理项目进展等。通过这种方式，用户可以及时了解档案管理工作的最新动态，及时参与活动或了解新的档案资源。

4. 档案宣传

档案网站可以发布档案宣传资讯，如发布档案知识科普、推广档案文化传播、举办档案文化活动等，以提高档案的社会影响力。

（1）发布档案知识科普。档案管理机构可以利用档案网站定期发布档案知识科普内容，包括档案的定义、分类、保存和利用等方面的知识，通过生动的文字、图表和多媒体元素，向用户普及档案知识，提高公众对档案工作的认知和理解。

（2）推广档案文化传播。档案管理机构可以通过档案网站介绍档案的历史、背景、文化意义等方面的内容，激发公众对档案文化的兴趣和对档案事业的支持。

（3）举办档案文化活动。档案管理机构可以通过档案网站宣传和组织各种档案文化活动，如展览、讲座、研讨会等，通过公众参与、了解和体验档案文化，提升档案在社会中的影响力和认知度。

5. 交流互动

档案网站应具备交流互动功能，如用户评论、论坛讨论、在线咨询等，以构建档案用户的交流互动社区。

（1）用户评论。档案网站应该提供用户评论的功能，让用户可以对特定档案、文章或其他内容进行评论和反馈。用户可以表达他们对档案的看法、提出问题、分享经验或与其他用户进行讨论，实现交流和互动。

（2）论坛讨论。档案网站可以设立论坛板块，供用户进行深入的讨论和交流。在论坛中，用户可以提出自己的观点、分享研究成果、提出问题并得到其他用户的回复，这有助于促进知识交流和学术互动。

（3）在线咨询。档案网站应提供在线咨询的功能，让用户能够通过网站与档案管理人员进行即时交流。用户可以提出问题、寻求帮助或咨询专业意见，档案管理人员则提供相应的答复和指导，实现双向的互动沟通。

6. 文化展示

档案网站可以进行档案文化展示，如在线档案展览、档案影像展播、档案故事讲述等，以彰显档案文化内涵。

（1）在线档案展览。档案管理机构可以利用档案网站举办在线档案展览，通过数字化展示档案文物、珍贵档案资料、历史文献等，让用户通过网络平台欣赏和了解这些珍贵的档案资源。在线展览可以包括图片、文本、音频和视频等多种形式的展示，为用户提供沉浸式的档案体验。

（2）档案影像展播。档案管理机构可以利用档案网站展播档案影像资料，如历史照片、档案文件的扫描件、视听资料等，向用户展示档案的视觉魅力和历史价值。

（3）档案故事讲述。档案网站可以通过档案故事讲述的方式，向用户传递档案的历史、文化和背后的故事。通过精心编排和呈现档案故事，档案网站可以引导用户深入了解档案的背景、起源、价值和影响，以及与之相关的人物、事件和社会背景。

（四）建立与维护档案网站的主要内容

1. 技术架构

档案管理机构在建立与维护档案网站时，需要选择适当的技术架构，包括前端开发技术、后端开发技术、数据库管理系统和服务器架设等。其中，前端开发技术负责网站的用户界面设计和交互功能实现，后端开发技术负责网站的数据处理和业务逻辑实现，数据库管理系统用于存储和管理档案相关的数据，服务器架设则提供网站的访问和运行环境。

2. 内容管理

建立与维护档案网站，需要档案管理机构进行有效的内容管理，包括档案资源的收集、整理、描述和组织等工作。这涉及对档案材料进行数字化处理，建立结构化的数据模型，编制元数据，进行分类和标注等操作。同时，档案管理机构应制定一定的规范和标准，确保档案内容的准确性、一致性和可检索性。

3. 用户体验

档案网站的用户体验是建立与维护档案网站的重要方面。影响用户体验的因素包括网站的界面设计、导航结构、搜索功能、页面加载速度和响应性能等。档案管理机构要确保用户能够轻松浏览和查找所需的档案信息，并提供友好的交互方式，使用户能够方便地与网站进行互动。

4. 安全性

由于档案网站涉及敏感的档案信息，档案管理机构在建立与维护档案网站过程中，需要重视安全性保护措施。这包括对用户数据的隐私保护，采用合适的身份验证和权限管理机制，防范网络攻击和数据泄露风险，进行数据备份和恢复等措施。同时，档案管理机构需要遵循相关法律法规和行业标准，确保档案网站的合规性和安全性。

5. 持续更新与维护

档案网站的建立是一个持续的过程，档案管理机构应当进行定期的更新和维护工作。例如，添加新的档案资源和内容、修复和优化现有功能、解决技术问题和漏洞、提供技术支持和用户服务等。通过持续的更新和维护，档案管理机构能够保持档案网站的稳定性和功能完善性，提供良好的用户体验和服务质量。

三、档案信息系统的应用

（一）档案信息系统的含义

档案信息系统是指利用信息技术手段对档案管理工作进行系统化、集成化的管理系统。通过该系统，可以实现档案信息的数字化、网络化和智能化，提高档案管理的效率、准确性和便捷性。档案信息系统一般设有档案信息的输入、存储、处理、输出和反馈等多个功能环节，能够为档案管理提供全面的支持。

（二）档案信息系统的主要功能

1. 输入功能

输入功能是档案信息系统的主要功能之一，其主要目的是将纸质档案和电子文件转化为数字化的档案信息，并将其纳入系统进行统一管理。输入功能可以通过纸质档案的扫描、电子文件的导入等方式来实现。

对于纸质档案，档案信息系统可以通过扫描设备将其转化为数字化的图像文件。在扫描过程中，扫描设备可以将纸质档案逐页扫描并生成相应的图像文件，其中包含元数据信息，如档号、文件名称、日期等。这样，纸质档案就可以以电子形式存储在系统中，便于后续的管理和检索。对于电子文件，档案信息系统需要支持多种方式的导入，包括从本地计算机或外部存储设备中导入电子文件，如文档、表格、图像、音频和视频等。档案信息系统应提供友好的用户界面，让用户轻松选择和导入所需的电子文件，并自动提取和记录相关的元数据信息。这样一来，用户导入电子文件完成后，电子文件会自动被纳入系统的统一管理和检索范围（也可以设置为审核通过后才会显示）。

在实际应用中，档案信息系统的输入功能，应该具备高效、准确、易用的特点，使用户能够方便地将档案信息导入系统，并实现必要的数据验证和清洗。此外，档案信息系统还应该支持各种常见的数据格式和标准，以确保输入的数据能够被系统正确识别和处理。这样，其输入功能能够为档案信息化管理系统提供可靠的数据基础，从而为后续的档案管理和利用提供坚实的支撑。

2. 存储功能

档案信息系统需要建立合适的数据库系统和存储设备，来实现档案信息的安全存储和高效管理。存储功能包括对档案信息进行分类、编目、索引和标引等操作。

在档案信息系统中，存储功能与输入功能有着紧密联系，但这并不是说档案信息系统的输入功能越强大，其存储功能也就越强大。随着社会进步和信息技术的快速发展，人们面临的信息越来越多，信息更新的频率也越来越快。这种信息量的膨胀现象要求档案信息系统拥有强大的存储能力，尽管实际上任何系统的存储容量都是有其固有限制的。与此同时，大量的存储信息量也会对系统输出功能提出更高的要求。为了实现更好的信息存储和输出，档案管理机构应在条件允许的前提下，优先采用先进的存储技术和策略，以期在尽可能少的投入中实现最大量的档案信息存储以及高效输出。

3. 处理功能

为了满足当前及未来信息使用的需求，输入的档案信息必须进行系统性的存储。而档案信息的集成方式，决定了其对于用户多样化需求的服务能力。因此，对档案信息的组织和处理成为档案管理必须进行的步骤。档案信息的处理主要包括对于档案实体（存储在原始媒介的档案信息）的处理和对于超越原始媒介限制的信息内容的处理，这两者分别被称为实体控制和智能控制。

在文献科学领域，无论是对于信息载体的实体控制还是对于信息内容的智能控制，都是普遍存在的，但具体实施方式会因领域不同而变化，在档案信息系统中的实施方式就展现出了一定的独特性。在传统的文献信息系统中，信息实体的排列方式通常与信息内容的组织方式相吻合。而在档案信息系统中，实体控制和智能控制通常是独立的，档案信息内容的组织方式能够超越档案实体的排列方式，呈现出多种形态。

4. 输出功能

输出功能是档案信息系统的功能目标，如果脱离了这一目标，档案信息系统便失去了其基本的存在价值。档案信息系统的输出功能在很大程度上决定了该系统能否有效地为社会服务。档案信息系统的输出功能不仅是将存储在系统内的数据呈现出来的过程，而且是一个创造价值的过程，因为只有信息输出才能实现信息的共享和传播。档案信息系统的输出功能可以为社会提供各种类型的档案信息，包括文本、图片、视频、音频等。这些档案信息会涵盖各种主题，包括历史事件、公司记录、政策法规、个人信息等。

5. 反馈功能

档案信息系统的反馈功能是其有效运行的关键要素，主要由用户研究和统计研究这两大部分构成。反馈功能的存在，不仅有助于优化系统性能，而且有助于提升用户体验，以确保档案信息系统的持续改进和发展。

用户研究主要涉及对用户行为、用户需求以及用户满意度的深入研究和理解。例如，用户如何使用档案信息，用户在查询、检索或使用档案信息时遇到了哪些问题，用户对系统的哪些功能或特性感到满意或不满意，这些都是用户研究需要关注的重点。通过用户研究，档案管理机构可以更好地理解其目标用户群体，以便更有效地满足他们的需求和期望。

统计研究可以提供量化的信息和数据，以评估档案信息系统的性能和效率。例如，系统可以跟踪和统计用户访问量、查询频率、常用功能等信息，以了解系统的使用情况和热点问题。此外，统计研究还涉及对档案信息的存储、检索和使用的统计分析，以评估系统的操作效率和数据质量。通过统计研究，档案管理机构可以更好地了解档案信息系统的操作性能和效率，以便进行必要的优化。

（三）档案信息系统的应用内容

1. 资料收集与存储

档案信息系统的应用内容之一是实现对档案资料的收集与存储。这包括将实体档案转化为电子形式，并建立相应的数据结构和数据库，以便有效地管理和保存档案信息。档案信息系统应提供方便快捷的数据输入功能，支持多种数据格式的存储，并确保档案资料的完整性和可靠性。

2. 资料查询

档案信息系统的应用内容包括资料查询功能。用户可以通过系统提供的检索界面和搜索功能，根据关键词、时间范围、档案类别等条件进行查询，快速找到所需的档案资料。档案信息系统应提供灵活的查询方式和多样化的搜索功能，支持全文检索、高级检索、分类检索等，以满足用户的不同信息需求。

3. 功能全面化

档案信息系统的应用内容还涵盖功能的全面化。档案信息系统应提供丰富的功能模块，如档案目录管理、文件检索、数字化处理、文档流转、权限管理、报表生成等。功能的全面化有利于满足档案管理机构的多样化需求，增加系统的使用效率。

四、信息安全保密技术及应用

档案管理涉及大量的敏感信息，包括国家机密、商业机密和个人隐私等。为保护这些信息的安全，档案管理机构需要应用信息安全技术，如数据加密、访问控制、防火墙等，以防止非法访问、篡改或泄露。

数据加密是一项重要的技术手段，通过将敏感数据进行加密处理，可以保护数据的机密性，防止未经授权的人员获取敏感信息。数据加密技术可以应用于数据的传输过程和存储过程，确保数据在传输和存储过程中不被窃取或篡改。

访问控制是实施信息安全的关键措施之一。通过建立严格的访问权限管理机制，档案管理机构可以限制用户对敏感信息的访问，实现只有经过授权的人员才能获取和处理相关档案信息。访问控制可以基于用户身份、角色和权限进行设置，确保只有合法的用户才能访问和操作档案信息。

此外，防火墙技术也是保障档案信息安全的重要手段之一。通过建立网络防火墙，档案管理机构可以监控网络流量，防止恶意攻击和未经授权人员的访问。防火墙可以检测和拦截恶意软件、病毒和入侵行为，保护档案信息免受恶意攻击的侵害。

除了上述技术手段以外，档案管理机构还应制定相关的信息安全政策和操作规范，对档案信息的安全管理进行全面规划和组织实施。这包括加强工作人员安全意识培训，定期进行安全审计和漏洞扫描等。

第四节 档案信息化标准规范建设

一、档案信息化标准规范建设的含义

标准化是档案信息化建设的重要基础和必要条件，对档案信息化建设的成败有着直接影响。在档案信息化建设中，统一的档案标准规范，可以适应档案信息多样性的需求，并能有力支持海量档案信息的采集

和利用网络化。统一的标准规范还可以满足数字档案资源长期保存的要求，并实现多方协作和资源共享。通过标准化规范建设，档案管理机构不仅可以确保档案信息的一致性、可操作性和可追溯性，还能够提升档案管理的效率和质量，促进档案信息的流动和共享，为档案工作的现代化和信息化提供有力支持。因此，标准化在档案信息化建设中具有重要意义，对于推动档案事业发展和提升档案信息价值具有积极的影响。

档案信息化标准规范是一项综合性的系统工程，涵盖了档案信息化建设的各个方面。作为国家信息化标准体系的一部分，档案信息化标准规范具有与其他信息化标准规范类似的特点。其内容涵盖了信息化基础设施标准规范、信息化资源标准规范、网络通信标准规范、信息安全标准规范、业务应用标准规范、项目管理标准规范等多个方面。从标准规范的内容来看，信息化标准规范涵盖了档案信息化建设所需的各个要素：信息化基础设施标准规范包括硬件设备、软件平台、网络基础设施等方面的规范；信息化资源标准规范包括档案信息的分类、编目、索引、标引等方面的规范；网络通信标准规范包括档案信息传输、共享等方面的规范；信息安全标准规范主要涉及保护档案信息安全、隐私等方面的规范；业务应用标准规范主要是档案业务方面的规范和标准要求；项目管理标准规范主要是档案信息化项目的管理方法和流程方面的规范。

从标准规范的适用范围和应用层次来看，档案信息化标准规范建设可以分为管理性标准规范、技术性标准规范和业务性标准规范，如图 3-6 所示。其中，管理性标准规范要求档案管理机构重点关注档案管理的策略和方法，如基础设施运行管理标准、软件系统运行管理标准、信息安全标准以及项目管理标准等。技术性标准规范主要涉及档案信息系统的技术实现，包括网络通信协议标准、应用开发技术标准、数据存储技术标准、数据交换技术标准等。业务性标准规范主要是关于业务流程和业务操作的标准，如元数据规范、存储格式规范、系统接口标准等。

档案信息化标准规范建设，对于确保档案的正确处理、保存和访问，进而确保组织的信息资产得到充分保护具有十分重要的意义。

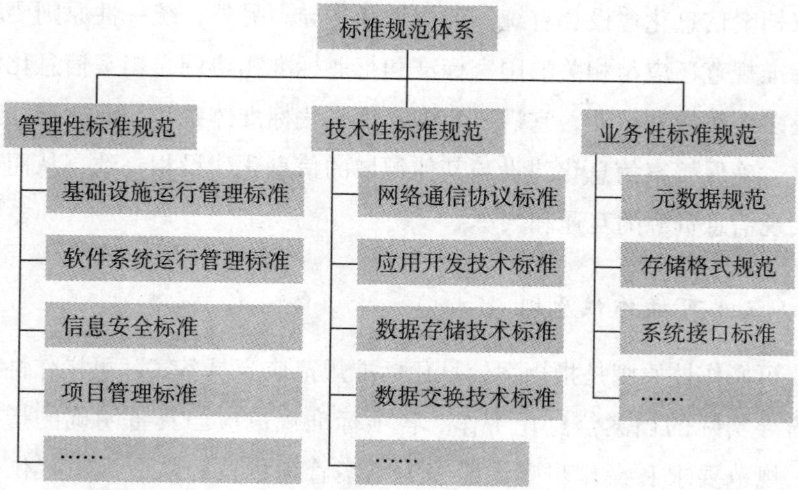

图 3-6　档案信息化标准规范建设

二、档案信息化标准规范建设的原则

（一）规范性原则

规范性原则是指档案信息化标准规范应具备明确的规范性和约束力，为档案信息化建设提供统一的规范依据。

规范性原则要求档案信息化建设中的各项标准规范应具备约束力，即具备明确的执行和监督机制。各项标准规范应明确规定标准的适用范围和应用层次，明确责任主体和执行机构以及相应的监督和评估机制。通过建立有效的执行和监督机制，可以确保标准的贯彻和落实，推动档案信息化建设的规范和顺利进行。

（二）统一性原则

统一性原则是指档案信息化标准规范应具备统一性和协调性，确保档案信息化建设具有一致性和互通性。档案信息化建设中的各项标准规范应明确整体目标和核心原则，统一各项标准的基本要求和指导原则，确保档案信息化建设具有统一的规划和指导。另外，统一性原则要求各项标准规范还应与相关的国家标准和行业标准相协调。档案信息化建设涉及多个领域和行业，它需要与国家信息化标准体系和行业标准体系相衔接，确保档案信息化建设与其他领域的信息化建设相一致，从而有利于实现信息资源的互通和共享。

（三）可操作性原则

可操作性原则是指档案信息化标准规范应当具备实际可操作性，能够指导实际的档案信息化工作。各项标准规范应当具备明确的指导原则、规范要求和操作步骤，能够为档案管理机构和从业人员提供具体的指引，使其能够在实际工作中按照标准规范的要求进行操作。也就是说，各项标准规范应基于实践经验和技术可行性，确保提出的要求和措施在实际场景中能够有效实现，并且能够适应不同规模和类型的档案管理机构的需求。

（四）针对性原则

档案信息化标准规范应当针对档案信息化建设的特点和需求，具有针对性的指导和要求。针对性原则要求各项标准规范的设置，应充分考虑档案管理机构的不同类型、规模和特点。不同的档案管理机构可能面临不同的业务需求和管理情境，因此，标准规范可以针对不同档案管理机构的具体情况进行定制化和个性化的设计，以确保标准规范能够满足各类档案管理机构的实际需求。同时，标准规范可以针对档案信息化建设的不同阶段和环节提供具体指导和要求。档案信息化建设包括需求分析、系统设计、数据采集、数据整理、数据存储和数据利用等多个环节，每个环节都有不同的特点和要求。因此，各项标准规范可以根据不同阶段和环节的具体需求提供相应的指导和规范，以确保在各阶段和环节中能够达到预期的目标和效果。

第五节　档案信息化保障体系建设

一、人才队伍建设

在档案信息化建设过程中，人力资本常被视为档案信息化建设成功与否的决定性因素，并且构成了该领域可持续发展的基础。人才队伍的素质、经验和技能直接影响档案信息化建设的成效和进程。

在构建档案信息化人才队伍的过程中，档案管理机构需考虑四个关键部分：档案信息化骨干队伍的建设、青年档案信息化人才的培养、档案信息化管理人才的培养和档案信息化技术应用型人才的培养。首先，档案信息化骨干队伍的建设是开展档案信息化建设的关键。档案信息化骨干应具有深厚的专业知识和经验，对档案信息化有深入的理解，并能引导和推动整个项目的实施。他们应该具备较高的战略视野和创新能力，引领档案信息化的发展方向。其次，档案信息化建设离不开对青年档案信息化人才的培养。他们是档案信息化未来的支持者和推动者。档案管理机构需要在教育和培训中，为他们提供足够的机会来学习和理解档案信息化的基本原理和最新的信息技术。再次，档案信息化管理人才是专门从事资源及设施的建设、运行、管理及维护工作的人员。他们需要具备档案学知识，熟悉档案管理流程，同时需要掌握现代信息管理技术和方法，以有效地管理和控制信息化档案。最后，档案信息化建设要培养出一批具有综合职业能力和全面素质，掌握现代信息技术的应用型人才。这类人才需要掌握先进的信息技术，包括数据库管理、数据分析、网络安全等，并能够将这些技术应用于档案的创建、存储、访问和保护中。

随着档案信息化程度的逐步加深，档案管理工作对人才队伍的素质提出了更高的要求。档案工作人员不仅要具备良好的职业道德和较高的文化修养，还应具有熟练的信息技术应用能力和基本的法律意识。具体来看，档案工作人员需要满足以下素质要求。

（一）基本素质

1. 良好的职业道德

档案信息化管理者和从业人员，应具备良好的职业道德，遵守相关的法律法规和行业准则，具有良好的职业操守，严守信息安全和保密原则，保护用户隐私和知识产权。档案信息化建设是一项具有重要社会意义和使命感的工作，要求档案工作人员对档案管理事业充满热爱和追求，积极投身于档案信息化建设当中，追求卓越的工作成果。档案工作人员应认识到自身的重要角色和责任，理解档案信息化对社会、企业和个人的意义和影响，要以档案管理职责为核心，承担起维护信息安全、保护用户权益和提供优质服务的责任，主动关注行业的发展动态，积极参与专业交流与合作，推动行业的健康发展。

2. 较高的文化修养

为进一步推动档案信息化建设，档案工作人员应具备较高的文化修养。档案信息化建设涉及大量的数字化处理和管理，而档案信息的内容往往与历史、文化、艺术等领域紧密相关。具备较高文化修养的档案工作人员可以更好地理解和解读这些信息，准确把握其价值和意义，从而更好地保证档案信息的准确性和完整性。因此，档案工作人员需要经常学习和研究相关的历史、文化、艺术等领域的知识，参加相关的培训和学术活动，积极参与档案工作中的跨学科交流与合作，与其他领域的专业人员进行合作与交流，从而拓宽自己的知识面和视野，提高自身的文化修养。

3. 较强的服务意识

档案信息化建设的目标是更好地满足用户的需求，提供高质量的服务。因此，档案工作人员需要注重用户的需求，主动与用户沟通，为用户提供多样化的档案信息服务形式，如在线检索、数字展览、在线咨询等，以满足用户的不同需求和偏好。另外，档案工作人员还需要积极关注用户的反馈和评价，及时调整和改进服务策略，不断提高档案信息服务的质量和用户体验。

（二）业务素质

1. 扎实的档案专业知识

档案管理工作是一门科学性和专业性较强的工作，要求档案工作人员具备扎实的档案专业知识。档案工作人员需要对档案工作的历史、现状和未来发展有一个较为全面的了解，掌握档案工作的基本原理，并运用这些原理解决实际工作中的问题。

档案工作人员需要具备必要的专业知识，如档案保护和保管知识，档案收集、整理、鉴定、检索以及编研、统计等环节的知识。在掌握基本档案管理知识的前提下，档案工作人员还要了解国内外档案学界的最新动态，适应档案信息化建设的需求和挑战，为档案管理工作作出积极贡献。

2. 熟练的信息技术应用能力

随着档案信息化的推进，数字化和电子化的档案管理方式已经成为主流。因此，档案工作人员需要掌握和运用信息技术工具，以便有效地处理、管理和利用档案信息。

档案工作人员应具备熟练的电子文件管理技能，掌握各类电子文件的创建、存储、传输和归档等技术操作，熟悉电子文件的格式和标准，有效地进行电子文件的版本控制和权限管理。档案工作人员还需要熟悉数据库管理和查询技术。数据库是档案信息系统的核心组成部分，档案工作人员应具备数据库管理和维护的能力，能够进行复杂的查询和数据分析，提供准确的档案信息检索服务。另外，档案工作人员应了解数据挖掘和信息提取技术，以发掘档案信息中的隐藏知识和价值。档案工作人员应熟悉数字图像处理技术，能够对档案中的图像进行处理和识别，以提高档案信息的可视化呈现和利用效果。

3. 基本的法律意识和观念

在档案管理工作中，涉及的信息涵盖敏感、机密或个人隐私等方面。因此，档案工作人员了解和遵守相关法律法规是保护档案信息安全和保密的基本要求。

档案工作人员需要熟悉有关档案管理的法律法规和政策，如《中华人民共和国档案法》《中华人民共和国档案法实施办法》以及地方政府出台的与档案管理相关的法规。档案工作人员应了解这些法律法规的内容和适用范围，并遵循相关规定。在处理档案信息的过程中，可能会涉及个人隐私的收集、存储和使用，档案工作人员应严格遵守相关法律法规，保护个人隐私的合法权益，防止泄露和滥用。

具备基本的法律意识和观念对档案工作人员来说是十分必要的，因为它能够引导档案工作人员在档案管理工作中合法合规地行事。档案工作人员了解和遵守法律法规，能够确保档案信息的合法性、合规性和可信度，有效地保护档案信息的安全和权益。

（三）其他综合素质

1. 终身学习意识

在信息技术快速发展和不断更新的环境下，档案管理领域也面临着新的技术、法规和管理模式的变化。因此，档案工作人员需要不断学习和更新自己的知识和技能，以适应新的需求和挑战。具有终身学习意识的档案工作人员会不断提升自己的专业能力和素养，从而在不断变化的工作环境中保持优势。

2. 创新意识和能力

现代社会的发展离不开创新，档案管理工作同样离不开创新。档案工作人员要在做好本职工作的前提下，不断“充电”，开阔视野，了解和掌握所涉及工作领域的现状及发展动态，并尝试运用档案学科新理论、新技术来指导和改进档案工作。在工作实践中，档案工作人员应从新的角度思考和解决问题，积极探索档案管理工作的新模式、新技术和新方法，从而提高效率、提升服务质量和创造更大的价值。只有不断地创新，档案管理工作才能有高度、有特色。因此，档案工作人员应具有持续改进档案工作的意识，不断寻求优化和创新的机会，以提高档案工作效率和服务质量。

3. 团队合作与协调能力

档案信息化建设往往需要多个部门和人员的协同合作，涉及多方利益的平衡和沟通。档案工作人员需要具备良好的团队合作精神，能够与其他团队成员合作，共同推动档案信息化建设的实施。此外，档案工作人员需要具备良好的沟通和协调能力，能够与不同领域的人员进行有效的沟通和协商，共同推动问题的解决。

二、信息安全保障建设

档案信息安全是指应用各类技术解决方案和人力管理策略，以阻止电子档案信息的非授权访问、篡改和破坏行为，从而确保档案信息的完整性、机密性、可用性和可控性。档案信息安全包括数字档案数据的安全和信息系统及其网络平台的安全。维护数字档案数据的安全，关键在于确保数字档案信息的可靠性、可用性，防止信息泄露或被非法修改；维护信息系统及其网络平台的安全，则需要保证系统硬件与软件的稳定性、可靠性和可控性。

（一）档案信息安全涉及的基本要素

档案信息安全涉及的基本要素主要包括硬件、软件、档案数据、人员、物理环境、人文环境等，如图 3-7 所示。

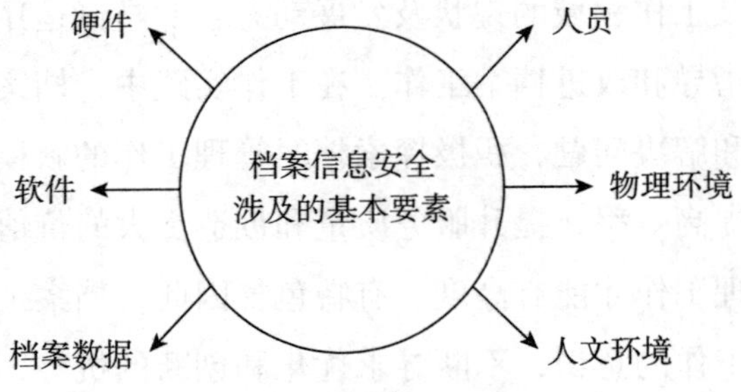

图 3-7　档案信息安全涉及的基本要素

1. 硬件

硬件是信息管理系统的物质基础，它的稳定性、可靠性和安全性直接影响档案信息的安全性。硬件设施在运行过程中不可避免地存在物理性能的损耗，因而发生故障在所难免。因此，防止硬件设施的损坏并保持其正常运行，是系统安全运行的基础。档案管理机构需要定期进行硬件的维护和更新以及安全检查，以防止硬件故障或者被破坏。

2. 软件

软件是信息管理系统的重要组成部分，系统运用的各个层面都需要相应软件的支持。软件系统主要包括操作系统、数据库管理系统、应用程序等，它们构成了档案信息系统的核心。软件的安全性、稳定性和可靠性对于信息的安全性至关重要。档案管理机构应定期更新、修补系统和应用程序的漏洞，以防止潜在的安全威胁。

3. 档案数据

档案数据是信息管理系统的一项重要价值。数据的安全主要涉及的是如何防止未经授权的访问、如何防止数据被篡改或破坏以及如何确保数据的可用性。对此，档案管理机构可以采用加密技术、访问控制、备份恢复策略等。

4. 人员

系统运行所涉及或可能面对的人员也是档案信息安全维护必须考虑的重要因素，包括系统的管理员、操作员和用户等。他们的行为直接影响着档案信息的安全。因此，对他们的培训和管理尤为重要，相关人员在进行操作时应遵守相应的安全规定和操作规程。

5. 物理环境

物理环境的安全对于防止硬件设备被破坏和未经授权的访问至关重要。因此，合理的设备布局，恰当的环境温湿度控制，防火、防盗等设施的设置都是档案管理机构需要重点关注的内容。

6. 人文环境

人文环境主要涉及档案管理机构的文化氛围、工作习惯、管理规定等因素。一个良好的人文环境能够使员工自觉遵守安全规定，从而提高档案信息的安全性。

（二）保障档案信息安全的基本原则

1. 全程原则

全程原则强调在档案信息的整个生命周期中，从生成、存储、使用到销毁，都需要提供持续的、全面的安全保障。这意味着档案管理机构在每个阶段都需要进行安全评估，实施相应的安全措施，而不能仅仅关注某一阶段的安全问题。

2. 动态原则

动态原则是指安全保障不是一次性的任务，而是一个持续的过程。随着技术的发展，网络威胁的形式和手段也在不断变化。因此，档案管理机构需要不断地调整和更新安全策略，以应对新的威胁和挑战。

3. 便利原则

便利原则要求档案管理机构在保障安全的同时，也要保证档案信息的可用性和可获取性。过于复杂的安全措施可能会影响用户的使用体验。因此，档案管理机构在实施安全措施时，需要考虑到安全措施对于用户的影响，并尽量降低这种影响。

4. 适度原则

适度原则是指安全措施的实施需要适度，不能过度或不足。过度的安全措施可能会造成资源的浪费，而不足的安全措施则可能会导致安全风险。因此，档案管理机构需要根据实际情况和需求，制定和实施适度的安全策略。

（三）档案信息安全的基本保障策略

1. 建立常规的管理制度

制定一套完善的信息安全管理制度是维护档案信息安全的关键步骤。该制度需要包含一系列详细的规定，以指导个体和组织如何处理和保护档案信息，防止可能的安全风险。

管理制度应定义明确的访问权限和控制机制，以确保只有经过授权的个体和部门才能够访问和操作特定的档案信息。这样的控制机制通常涉及身份验证和权限管理，以及可能的审计和监控，以追踪和记录对档案信息的访问和更改。档案管理机构在制定管理制度时，应重点落实详细的数据备份和恢复计划，以防止由于硬件故障、自然灾害或人为操作错误等情况导致的数据丢失。此外，档案管理机构应实施定期的安全审计和风险评估，以识别潜在的安全威胁和漏洞以及评估可能的影响和损失。同时，档案管理机构还需要遵守相关的法律法规和政策，如《中华人民共和国数据安全法》《中华人民共和国个人信息保护法》等，以确保档案信息的合法处理和保护。

2. 加强人员管理与培训

人为因素常常是导致信息安全问题的关键原因，实际上，许多安全问题的根源可以追溯到人为的错误或疏忽。因此，加强人员管理和培训至关重要。档案管理机构不仅要定期开展信息安全培训，提高员工的安全意识，使他们能够识别安全威胁，还要对员工的行为进行管理，确保他们遵守相关的安全规定和操作规程。加强人员管理与培训能够帮助档案管理机构建立一个安全的工作环境，减少事故的发生。

3. 选择合理的技术方法

档案管理机构需要根据档案信息的特性、组织的需求和安全环境的变化来选择合理的技术方法，以确保档案信息的安全。

访问控制技术是首要考虑的方法之一，它能够确保只有经过授权的用户才可以访问特定的档案信息。访问控制技术主要包括身份验证技术和权限管理技术，其中前者包括密码系统、生物识别等，后者包括基于角色的访问控制或基于属性的访问控制。

数据保护也是一项关键的技术任务，包括数据的加密和完整性保护。使用适当的加密算法可以保护档案信息在存储和传输过程中的机密性，防止数据被未授权的人员获取。同时，使用哈希函数和数字签名等技术可以保护数据的完整性，防止数据被篡改。

网络和系统安全技术是保障档案信息安全必不可少的技术方法。防火墙、入侵检测和防御系统可以保护网络和系统免受攻击，从而保障档案信息的安全。同时，应用程序安全技术，如安全的编程技巧和代码审计，可以减少软件漏洞，进一步增强系统的安全。

备份和恢复技术是保障档案信息可用性的关键技术。定期备份数据并在需要时恢复，可以防止因硬件故障、自然灾害或人为操作错误导致的数据丢失。

第四章

企业档案信息化建设的基本思路

第一节 企业档案信息化建设的概念与原则

一、企业档案信息化建设的概念

企业档案信息化是档案信息化在企业这一特殊机构中的实际运用，是指企业根据国家档案管理部门发布的法律法规和行业标准，通过信息化途径和管理策略，对企业档案信息进行深度挖掘和有组织的整理。企业档案信息化建设的核心目标是通过采用现代信息技术，如计算机技术、网络技术和数据库技术，来实现档案信息资源的数字化、自动化和智能化，以提高档案管理的效率和效果，进而支持企业的决策、运营和创新。

在企业档案信息化建设中，档案管理人员、档案利用人员、技术人员等要素是不可或缺的——他们扮演着不同的角色，承担着不同的任务，相互之间又存在着紧密的联系，如图 4-1 所示。

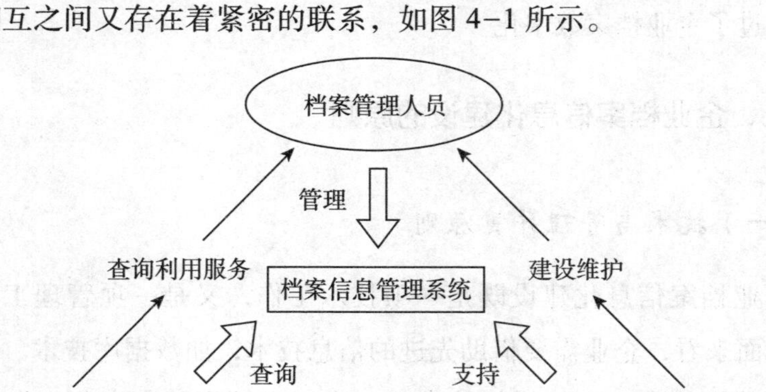

图 4-1 企业档案信息化建设各要素关系图

进一步来看，企业档案信息化建设不只涉及技术的应用，更重要的是需要构建一种管理模式和组织文化。这包括建立以信息为核心的组织结构和流程，推动企业内部的信息共享和协作，培育员工的信息素养，以及营造尊重知识和创新的企业氛围等。

企业档案信息化与企业档案数字化并不相同，两者属于不同范畴。企业档案数字化主要是指将企业的档案资料通过扫描、录入等方式转化为数字格式，以便在计算机系统中存储和处理。这是一项技术性的工作，主要涉及硬件设备、扫描质量、数据格式等问题。企业档案数字化的主要目标是提高档案的存储效率，方便档案的检索和利用，以及保护原始档案的安全。而企业档案信息化则是一个更为宽泛的概念，它不仅包括档案的数字化，还包括将档案管理的各个环节和过程进行信息化，如档案的采集、整理、存储、检索、利用等。企业档案信息化不仅需要依托现代信息技术，如数据库技术、网络技术、人工智能技术等，还需要结合现代管理理念和方法，如电子化办公、知识管理、流程优化等。企业档案信息化的主要目标是提高档案管理的效率和效果，支持企业的决策和运营，满足社会公众的信息需求。因此可以说，企业档案数字化是企业档案信息化的基础和组成部分，而企业档案信息化的范围和深度远远超过了企业档案数字化。

二、企业档案信息化建设的原则

（一）技术与管理并重原则

企业档案信息化建设既是一项技术工作，又是一项管理工作。从技术层面来看，企业需要借助先进的信息技术，如数据库技术、网络技术、云计算技术、人工智能技术等，来实现档案的数字化、自动化和智能化。同时，企业还需要考虑到技术的可靠性、安全性、可维护性和可扩展性等问题。从管理层面来看，企业需要借助现代的管理理念和方法，如电子化办公、知识管理、流程优化、风险管理等，来优化档案管理的流程和环节，提高档案管理的效率和效果。因此，企业在进行档案信息化建设过程中，应坚持技术与管理并重的原则。

（二）与企业信息化协调同步原则

企业档案信息化建设是企业信息化战略的重要组成部分，而不是孤立的项目。这意味着企业档案信息化建设需要与企业的其他信息化项目相协调，实现一定的资源与技术的共享，以提高整体效率和效益。另外，企业档案信息化建设也需要适应企业信息化战略的变化和发展，及时更新技术和管理方法，以满足新的需求、应对新的挑战。

（三）原始性保障原则

在进行档案信息化建设过程中，企业应尽可能地保障档案内容、格式、结构、环境等的原始性，以及档案的创作、接收、传递、使用等过程的原始性。原始性是档案的基本属性和价值，也是档案的真实性、可信度、法律效力的基础。因此，企业需要采取有效的技术和管理措施，如数字签名、时间戳、防篡改存储、审计跟踪等，来保障档案的原始性。

第二节 企业档案信息化建设的目标与规范

一、企业档案信息化建设的目标

（一）企业档案信息化建设的总目标

随着计算机和网络技术的飞速发展和广泛应用，信息获取和传递的方式正在经历深刻的变革。这种变革对企业档案管理带来了前所未有的机遇和挑战。企业档案信息作为企业的核心数据源，其重要性在经济发展的推动下日益明显。在这样的背景下，明确企业档案信息化建设的总目标显得尤为重要。

从长远发展来看，企业档案信息化建设的总目标是，通过使用现代信息技术，实现档案管理的高效、安全和规范，促进、完善企业信息化，提升档案管理现代化水平，以便更好地服务于企业的可持续发展。

1. 实现档案管理的高效、安全和规范

现代信息技术，如云计算、大数据、人工智能等，为企业提供了实现高效档案管理的强大工具。云计算技术的应用，可以使档案数据实现随时随地被存取，从而增强工作的灵活性和效率。大数据技术的应用，可以使庞大的档案数据被快速处理和分析，从而为决策者提供及时、准确的信息支持。人工智能技术的应用，可以实现自动分类和整理档案，从而节省大量的人力和时间。同时，信息技术还能保证档案管理的安全。在档案信息化建设中，企业采用现代加密技术可以保护档案数据不被非法访问和修改，使用备份技术和灾难恢复技术可以避免因硬件故障或自然灾害导致的数据丢失。这些技术的应用，能够为档案信息的安全提供强有力的保障。此外，企业还可以通过使用标准的数据格式和交换协议，保证档案数据的兼容性和一致性；通过建立完善的数据质量管理制度，保证档案数据的准确性和完整性；通过使用先进的审计和监控工具，及时发现和纠正管理中的错误，保证档案管理的合规性。

2. 促进、完善企业信息化

企业信息化是指企业运用现代信息技术，对企业内部的生产经营活动以及与外部环境的交互进行全面的、深入的数字化，从而提高企业的运营效率和竞争优势。企业要想实现信息化发展，就需要进行档案信息化建设。通过档案信息化，企业能够将分散的信息更好地集中起来，实现信息的统一管理和高效利用，并能够对档案信息进行深入的分析和挖掘，从而支持企业的决策和创新。在当今数字化时代，企业的运营和决策制定越来越依赖于数据和信息。通过实现档案信息化，企业可以更有效地收集、存储、处理和使用信息，以支持其业务活动和战略目标。

在电子政务和电子商务的普及推动下，档案载体形式的转变，即由纸质文件转向电子文件，已成为不可逆的发展趋势。对于已经实现无纸化办公的企业来说，对档案信息化建设的重视程度将直接影响其档案管理的连贯性和完整性。如果企业对档案信息化建设的重要性和紧迫性认识不足，可能会导致档案管理与其他各项工作的脱节，以及大量已生成电子文件的流失。这可能会引发文件归档不全、不完整，甚至断档，对企业的持续发展带来损害。因此，档案信息化建设对企业信息化的推进和完善具有深远影响。

3. 提升档案管理现代化水平

档案管理现代化是指运用现代管理理念和技术，对档案的收集、整理、保存、利用等环节进行规范化、系统化的管理，以提高档案管理的效率和质量。在当前社会发展的背景下，信息化不仅已经成为发展的主要方向和趋势，而且其程度已经成为评估一个国家或企业的现代化水平和综合实力的关键指标。同样，档案信息化是档案工作发展的方向和趋势，档案信息化程度应是衡量一个地区或机构档案管理现代化水平的重要标准之一。因此，为了提升企业的档案管理水平，实施企业档案信息化建设不仅是必要的，而且是不可避免的，企业应将提升档案管理现代化水平作为企业档案信息化建设的总目标。

（二）企业档案信息化建设的阶段性目标

企业档案信息化建设的阶段性目标是企业根据不同阶段的具体需求和环境因素，逐步实现企业档案的数字化和自动化，以提高其管理效率和利用价值。具体来说，企业档案信息化建设的阶段性目标主要包括归档电子化、存储数据化、查阅网络化、结构标准化、利用全员化、管理自动化和资源共享化。

1. 归档电子化

归档电子化是企业档案信息化建设的基本目标之一，它是指将企业的纸质档案或其他非数字化的档案转换为电子格式，存储在计算机系统中进行管理。这种转换过程通常涉及扫描纸质文档以创建数字副本，使用光学字符识别技术将图像文件转换为可搜索和可编辑的文本。在企业中，档案管理部门应该按照一定的标准和规范，利用计算机系统中的创建、存储、管理等功能将纸质档案电子化，使档案的检索和共享变得更加容易和快速。

与传统的档案归档工作相比，归档电子化具有以下优势：第一，节省空间。电子档案占用的物理空间远少于纸质档案，这可以帮助企业节省存储空间。第二，提高检索效率。电子档案可以快速地进行搜索和检索，在很大程度上提高了信息获取的效率。第三，方便共享。电子档案可以通过网络进行远程访问和共享，这有助于企业内部的协作和信息交流。第四，增强安全性。电子档案可以通过加密、访问控制和备份等技术手段来保护，防止未经授权的访问和意外丢失。

传统的档案归档工作要求归档材料应当齐全、完整，遵循规范的归档流程，并保证资料的不可分散性。企业档案信息化建设完成之后，归档材料虽为电子形式，但同样需要满足一定的归档要求，如遵照归档制度等。

2. 存储数据化

存储数据化是指企业将各类档案资料转化为数字化的形式存储，即将纸质档案或其他非电子化格式的档案转化为电子数据，通过数据库或其他数据管理系统进行存储和管理。在企业中，存储数据化在档案工作中的应用可以规范档案工作流程，提高档案工作效率，为档案工作与办公自动化联网打下良好的基础。

3. 查阅网络化

查阅网络化是企业档案信息化建设的重要目标之一，它主要是指通过网络技术，实现档案信息的远程访问和共享，提高档案利用的便利性和效率。

在传统的企业档案管理中，人们需要到企业档案管理部门或当地档案管理机构实地查阅档案，这种方式不仅效率低下，而且受到地域和时间的限制。而在网络化的查阅方式中，人们可以在任何有网络的地方，随时随地访问和查阅档案信息，大大提高了档案利用的效率和便利性。

4. 结构标准化

结构标准化是指在企业档案信息化建设中，要按照统一的、标准化的格式与结构来组织和存储档案信息。这是为了提高数据的一致性和互操作性，方便数据的检索、共享和分析。

在实现结构标准化的过程中，企业需要考虑以下几点：第一，档案元数据的标准化。元数据是描述档案内容、属性和上下文的数据，如档案的标题、作者、日期、关键词等。标准化的元数据可以提高档案检索的准确性和效率。第二，档案格式的标准化。档案的格式应该选择通用的、标准化的格式，如 PDF、XML 等，这样可以提高档案的互操作性和长期可用性。第三，档案分类和编码的标准化。档案的分类和编码应该按照统一的、标准化的方式进行，这样可以方便档案的管理和查找。第四，数据交换和共享的标准化。数据交换和共享应该按照统一的、标准化的协议和接口进行，这样可以方便数据的交换和共享。

此外，在实现结构标准化的过程中，企业通常需要根据实际情况和行业标准来制定相关的标准和规范，同时也需要通过技术手段来保证标准的实施和执行。

5. 利用全员化

利用全员化是企业档案信息化建设的一个重要目标，它强调的是企业内部所有员工都能够访问和利用档案资源，而不仅仅是档案管理部门或者特定的员工。

为实现利用全员化的目标，企业在进行档案信息化建设时，需要做到以下几点：第一，建立全员可访问的档案管理系统。企业需要建立一个所有员工都能够访问的档案管理系统，以支持全员的档案访问和利用。第二，提供方便的档案检索和访问服务。企业需要提供方便的档案检索和访问服务，如在线检索、预览和下载等，以提高员工的档案利用效率。第三，提供档案利用培训和指导。企业需要提供相关的档案利用培训和指导，帮助员工理解和掌握档案的利用方法和规则。第四，建立档案利用反馈和改进机制。企业需要建立档案利用反馈和改进机制，以便收集员工的档案利用情况和需求，进一步改进档案服务。

6. 管理自动化

管理自动化是企业档案信息化建设的一个关键目标，它是指通过应用信息技术和软件工具，将档案管理中的某些任务和流程自动化，以提高效率、减少错误，并实现更高程度的一致性和可追溯性。为实现这一目标，企业需要识别和理解档案管理中的各种任务和流程，确定哪些任务和流程可以自动化，然后选择或开发适当的自动化工具来执行这些任务和流程，并定期监控和评估自动化的效果，以便于进行优化和改进。

7. 资源共享化

资源共享化强调的是将企业的档案资源变成可以被内部员工或外部合作伙伴共享和利用的资源。企业通过实现资源共享化，不仅可以提高档案资源的利用率和价值，而且可以提高内部协作的效率，拓宽业务合作的渠道，提升企业的竞争力和影响力。

二、企业档案信息化建设的规范

企业档案信息化建设的规范是指在建设过程中应遵循的一系列规则和要求，以确保建设的质量和效果。其主要包括数据和信息的规范、技术和系统的规范、管理和操作的规范等内容，如图 4-2 所示。

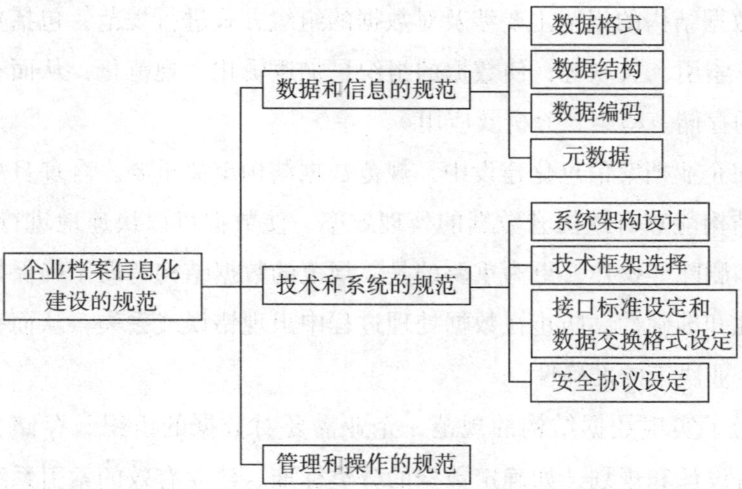

图 4-2　企业档案信息化建设的规范

（一）数据和信息的规范

1. 数据格式

数据格式规定了数据的物理表示和逻辑结构。合适的数据格式能够保证数据的兼容性和互操作性，避免数据在传输、存储和处理过程中出现错误或损失。例如，文本数据一般需要使用 UTF-8 编码，图像数据一般需要使用 JPEG 或 PNG 格式，音频数据一般需要使用 MP3 或 WAV 格式。

规范化的数据格式能够保障不同系统和平台之间能够顺利地进行数

据交换和共享，从而避免因格式不兼容导致的数据无法读取或解析的问题，这在企业内部各部门之间，以及企业与外部进行数据交互的过程中都是极为关键的。对于企业来说，数据是其核心资产之一，因此，保护数据的完整性和可靠性，防止数据在传输、存储和处理过程中发生错误或损失，是实现企业信息化、提高企业运营效率和决策水平的基础。

2. 数据结构

数据结构的规范主要涉及对数据的组织方式进行规范，包括数据的分类、索引、关联等，使数据的组织更加逻辑化、规范化，从而有利于数据的存储、检索、分析及应用。

在企业档案信息化建设中，规范数据结构至关重要。合理且规范的数据结构能够有效提升数据的处理效率，使数据可以快速地进行查询、修改和删除等操作。更为重要的是，规范的数据结构有助于确保数据的完整性和准确性，防止在数据处理过程中出现错误或丢失，从而有利于保障企业决策的准确性。

为了实现数据结构的规范，企业需要对数据的组织、存储、访问等进行设计和规划，如确定数据的分类标准、建立有效的索引系统、设置适当的数据关联关系等。通过这些措施，企业可以使数据结构更加清晰、合理，从而提升数据的利用效率。

3. 数据编码

数据编码，如 ASCII、UTF−8、Base64 等，规定了数据的表示方式。正确的数据编码可以保证数据的一致性和可读性，防止数据在传输和存储过程中发生乱码。例如，文本数据通常使用 UTF−8 编码，二进制数据可能需要使用 Base64 编码。在企业档案信息化建设中，规范数据编码是实现数据一致性和兼容性的基础。对于全球化的企业来说，数据可能需要在多种语言和地域之间进行交换和共享，因此，采用通用的字符集和编码格式是必要的。此外，规范的日期和时间格式能够确保时间序列数据的准确性和一致性。

为了实现数据编码的规范，企业需要制定和执行数据编码标准，包括选择合适的字符集、编码格式、日期和时间格式等。此外，企业还需要对员工进行培训，使他们理解和遵守这些标准，从而确保数据的正确性和一致性。通过这些措施，企业可以提高数据的质量，提升数据处理的效率和准确性，从而支持企业决策和运营。

4. 元数据

元数据是描述数据的数据，包括数据的来源、类型、长度、创建日期、修改日期等。精确的元数据可以帮助用户理解和使用数据，提高数据的可查找性和可管理性。

在企业档案信息化建设中，规范元数据具有重要意义。首先，元数据提供了数据的描述性信息，如数据来源、创建时间、责任人等，有助于理解和利用数据。其次，元数据可以用于数据的索引和搜索，提升数据检索的效率和准确性。最后，元数据能够支持数据的管理和治理，例如数据质量控制、数据安全和隐私保护等。

为了实现元数据的规范，企业需要制定和实施元数据管理策略，例如确定元数据的分类标准、定义元数据的表示和存储格式、建立元数据的更新和维护机制等。此外，企业还需要借助元数据管理工具，如元数据仓库、元数据目录等，来支持元数据的集中管理和共享。通过规范元数据，企业可以实现数据的透明性和可追溯性，提升数据的可信度和利用价值，从而支持企业决策和运营。

（二）技术和系统的规范

在企业档案信息化建设中，技术和系统的规范是对各项技术标准、系统要求和操作流程的统一规定，包括系统架构设计、技术框架选择、接口标准设定和数据交换格式设定、安全协议设定等。这些规范旨在使整个系统能够按照一定的标准进行开发和运行。

1. 系统架构设计

系统架构设计是对系统的整体结构和组织方式的规定，包括硬件、软件、网络等各个部分以及它们之间的关系。合理的系统架构能够确保系统的稳定性、可扩展性和可维护性。

系统架构设计在企业档案信息化建设中的核心职责是创造一个适应企业需求的技术环境，这个环境应该能够处理各种类型的档案，包括纸质档案、电子档案等，并能够有效地存储、检索、共享和保护这些档案。因此，企业在进行系统架构设计时，应该考虑到各种不同的技术组件，包括数据库系统、存储设备、网络设备、安全设备等，并确定这些组件如何相互配合，以满足企业的需求。随着企业的发展和变化，系统可能需要添加新的功能、处理更多的数据、支持更多的用户等。因此，企业在进行系统架构设计时，应该预留足够的扩展空间，使系统可以适应这些变化，而不需要进行大规模的重构。同时，系统架构设计也应该考虑到系统的可维护性，以便于进行日常的运维工作，例如系统更新、故障修复、性能优化等。

2. 技术框架选择

技术框架选择是对采用的技术和工具的选择，包括编程语言、数据库系统、开发工具、测试工具等。统一的技术框架能够提高开发和维护的效率，降低学习和使用的成本，促进团队的协作和交流。

技术框架的选择应该基于企业的业务需求、技术需求和未来发展需求。企业的业务需求是最初级的考虑因素，如档案的存储、检索、共享等功能需求。技术需求则涵盖了系统的稳定性、安全性、可维护性、可扩展性等方面。未来发展需求则涉及系统的可持续性，包括如何适应业务的变化、技术的更新等。在选择技术框架时，企业还需要考虑框架的成熟度、社区支持等因素。一个成熟的框架通常有更多的用户和开发者，因此更可能有丰富的文档和社区支持，这对于系统的开发和维护非常重要。同时，技术框架的学习曲线也是一个需要考虑的因素，过于复杂的框架可能会增加开发者的学习成本和开发时间。

值得注意的是，技术框架的选择不应该是一次性的决策，而应该是一个持续的过程。随着企业的发展和技术的更新，企业需要定期或不定期评估和调整技术框架，以确保它始终能满足企业的需求。

3. 接口标准设定和数据交换格式设定

接口标准的设定是系统互操作性的关键因素。在一个复杂的信息环境中，不同的系统之间需要通过定义良好的接口进行交互。这些接口定义了系统之间如何交换信息，包括数据的格式、协议、操作等。接口标准的设定应根据业务需求、技术需求和未来发展需求进行，确保系统间的顺畅交互，并支持新的业务需求和技术发展。

数据交换格式的设定是数据互操作性的基础。不同的系统可能使用不同的数据结构和格式，这可能导致数据在不同系统之间的交换和利用变得困难。通过定义统一的数据交换格式，企业可以确保数据在各个系统间的无缝流动，提高数据的利用率。数据交换格式的设定应考虑数据的语义一致性、完整性和易用性。

总的来说，规范的接口标准和数据交换格式能够保证系统间的互操作性和数据的一致性，支持数据的集成和共享。企业应该在专业人士的指导下，根据自身的需求和条件，谨慎设定接口标准和数据交换格式。

4. 安全协议设定

安全协议设定是对系统安全性的规定，包括数据加密、身份验证、权限管理、日志审计等。严格的安全协议能够保护系统和数据的安全，防止数据泄露和系统攻击，满足法律法规和监管的要求。

安全协议设定需要根据企业的业务需求、法律法规要求和安全风险进行。企业需要对其信息系统的安全需求进行全面评估，确定哪些数据需要保护，哪些用户需要访问这些数据，以及在什么情况下数据可以被访问或修改。此外，企业还需要考虑法律法规对数据保护的要求，以及可能发生的安全威胁和风险。

（三）管理和操作的规范

在企业档案信息化建设的过程中，管理和操作的规范是确保企业信息系统有效性和稳定性的关键。规范的管理和操作可以降低错误的发生，提升系统的稳定性，同时也能够确保企业对各类业务流程的精确把控。

管理规范是信息系统成功实施的重要支撑，它涵盖了从策略制定、系统规划、人员培训、资源分配，到系统维护、安全管理、风险控制等一系列关键的管理活动。管理规范的制定需要基于企业的业务需求、组织结构、技术环境以及法律法规要求，其目标是为企业的信息系统管理提供一个可持续、可衡量、可改进的管理框架。

操作规范主要关注系统的日常运作，包括数据录入、数据处理、数据查询、数据更新、数据备份以及故障处理等。操作规范的目标是确保信息系统的操作行为标准化和规范化，从而减少由于操作错误导致的问题，提升系统的可靠性和用户的满意度。

第三节 企业档案信息化建设的特点与任务

一、企业档案信息化建设的特点

（一）保有档案原始性

原始性是指档案信息在数字化和网络化过程中要保持其真实、完整和准确的属性。在档案信息化建设中，企业应采用合适的技术和方法，确保数字档案信息的来源、内容和形式与原始档案一致，并保证数字档案的可信度和可靠性。

电子文件与传统载体的档案有所不同，电子文件的存在形式会随着科技进步的演变而改变，但档案内容本身并未改变。在电子文件情况下，档案内容可以与具体的档案载体相分离。传统档案对原始性的要求是档案内容和载体不可分离，不能随意更改。然而，对于电子文件来说，原始性的要求不应将档案内容和档案载体强行绑定在一起。因为，电子文件的载体发生变化并不会对档案的原始性产生相应的影响。通过将企业现有的文件或纸质档案转化为数字化档案，可以改变原有的档案载体，使企业档案的内容与载体相分离。这样，企业档案的服务和利用仅仅基于档案的信息内容，虽然不再是档案的原始实体，但其原始性的价值并未发生改变。

（二）信息覆盖全面化

信息覆盖全面化的特点主要体现在以下两个方面：第一，从范围上看，企业档案信息化涉及企业各个方面的工作，包括生产、经营、决策、售后服务等。企业可以将档案信息化应用于各个工作领域，来提高工作效率和决策质量。第二，从内容上看，企业档案信息化不仅对企业日常活动中形成的档案信息进行信息化处理，还对企业保留的历史档案、纸质档案和实体档案进行深入的数字化处理，将其保存为电子文件或数字化形式，为企业进一步的信息化发展提供更多可能性。

（三）注重信息时效性

企业档案工作的终极目标是最大限度地挖掘企业档案中的有效价值，推动企业持续发展。因此，企业档案信息化建设必须注重时效性。对企业来说，不仅企业面临的外部环境要求企业快速适应市场变化，而且企业内部不断变化的需求也要求企业能够及时有效地利用企业档案信息资源进行迅速处理，以确保各部门能够作出准确的决策，避免对企业产生不利影响。这就要求企业需要注重档案信息的更新和维护，及时反映企业的最新情况和变化。时效性的关键在于将档案信息及时转化为有用的决策支持和业务创新的工具，使企业档案信息能够在企业内部进行流转、共享和利用。

二、企业档案信息化建设的任务

（一）企业电子文件管理

企业电子文件管理是指企业通过采用现代信息技术和管理方法，对电子文件进行全过程的管理活动。其包括电子文件的创建、采集、分类、存储、保护、检索、利用和销毁等环节。电子文件的创建需要遵循一定的标准和规范，以保证电子文件的质量和可用性。例如，电子文件的创建需要制定统一的文件格式、命名规则、元数据标准等。电子文件的采集需要通过自动化和智能化的工具和方法，如网络爬虫、数据采集器、接口调用等，以提高采集的效率和准确性。电子文件的分类需要依据一定的分类体系和规则，例如文件类型、文件主题、文件来源、文件日期等，以便进行有效的管理和检索。电子文件的存储需要考虑到存储容量、存储安全、存储成本等问题，并选择适合的存储介质和存储方式，如硬盘、光盘、磁带、云存储等。电子文件的保护需要考虑到数据备份、数据恢复、数据加密、访问控制、防病毒、防篡改等安全问题，以防止电子文件的丢失、损坏和泄密。电子文件的检索需要通过构建索引、使用搜索引擎、开发查询接口等技术，以满足用户的检索需求。电子文件的利用需要提供给用户友好的界面和服务，如在线浏览、下载、打印、分享等，以提高用户的满意度和利用效率。电子文件的销毁需要经过鉴定，并遵照文件销毁的流程进行。

（二）企业档案信息数字化

除了电子文件以外，企业档案还包括原始的纸质档案和物理实体档案。这些传统格式的档案的长期存储需求涉及一定的人力、物资和财务投入。此外，它们还可能受到突如其来的人为事件和自然灾害的影响，如地震和火灾等，这增加了档案长期保存的风险。因此，对企业档案进行数字化处理显得尤为重要。企业档案数字化的核心工作是利用先进的科技，对各种形式的企业档案进行数字化处理和整理，以便将其转换为数字化的档案信息，并通过信息系统进行存储、开发和使用。这样不仅有利于保证企业纸质档案和物理实体档案的长期有效存储，而且可以推动档案管理从传统模式向新型模式的转变，解放档案工作人员的手工劳动，提高档案利用效率。

（三）企业档案网络服务

企业档案网络服务是指企业通过构建档案信息系统和提供网络服务，实现档案信息的在线管理和远程访问。其主要包括档案信息的发布、查询、下载、共享等服务，以及用户管理、权限管理、数据安全等方面的管理。

企业档案网络服务主要表现在以下三个层面：首先，为公众提供开放性的查询服务，允许公众在互联网环境下自由查阅企业公开的档案信息；其次，为企业员工提供内部的查询服务，通过企业内部平台，满足员工对日常工作中所需企业内部档案的查询和利用；最后，对于企业的敏感和保密档案信息，仅对具备相应查询资格的人员开放，这通常需要档案管理人员的协助，在企业专用服务器中进行查询和利用。

在企业档案网络服务过程中，企业档案网站能够为企业档案网络服务提供一个具体化且开放性的平台。经过深度处理和有效整合的企业档案信息，被公布于企业自身的档案网站上，方便用户查询与利用。因此，企业档案网站可以作为企业档案管理部门与用户之间进行沟通和交流的重要窗口。

（四）企业数字档案馆

企业数字档案馆是指企业采用数字化技术和信息化手段，对企业的档案资源进行整理、保存、利用，从而建立起的面向企业内外用户，具有查询、检索、浏览、下载等功能的数字化档案信息服务系统。

1. 企业数字档案馆的主要功能

企业数字档案馆作为企业档案信息以及相关图书、参考资料等各类文献的数据核心，在确保信息安全的网络环境下，应展现出以下几个功能：第一，企业数字档案馆系统应与企业办公自动化网络系统进行有机融合，接收并处理完结的电子文件；第二，企业数字档案馆系统需要利用各种技术手段，实现数字化档案资源在企业办公自动化网络中的发布和传递；第三，企业数字档案馆系统需要支持各类实体馆藏的信息化管理，并且能够借助各类技术手段，对大规模的企业档案文献数据库进行管理；第四，通过利用身份认证技术与用户授权机制，企业数字档案馆系统应能在网络环境中实现跨区域、跨地域的数字信息资源的查询和利用，并对生成的信息进行数据挖掘。

2. 企业数字档案馆的作用

企业数字档案馆的作用主要包括以下三点：第一，企业数字档案馆可以让企业档案信息成为企业基础信息资源的重要组成部分，并在企业生产管理及现代化建设过程中，最大化地发挥出自身的价值；第二，企业数字档案馆依靠深厚且翔实的企业档案信息资源，能为各项工作提供有效的参考，有力助推解决实际工作中出现的各类问题，并且通过其完整、迅速、可靠的综合分析能力为企业决策和管理提供服务；第三，企业数字档案馆提供的智能化服务，不仅能够满足企业科研、知识普及等需求，还能够适应资料检索、课题研讨、学习教育等不同形式的需求，从而提高企业的信息化水平和竞争力。

3. 企业数字档案馆的系统建设

系统建设是企业数字档案馆建设的重中之重。企业数字档案馆系统主要包括业务管理系统、资源建设系统、资源管理系统、资源服务系统，如图 4–3 所示。

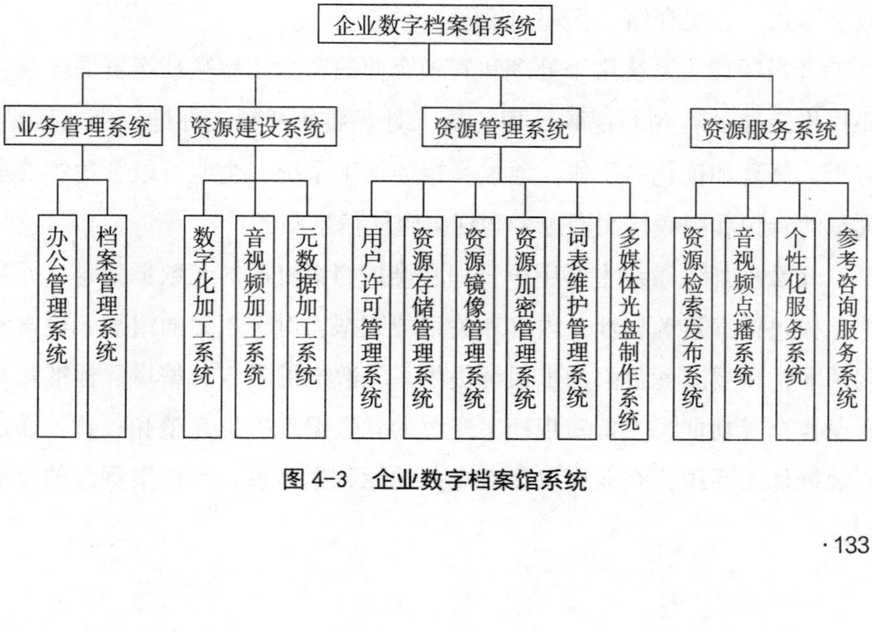

图 4–3　企业数字档案馆系统

（1）业务管理系统。业务管理系统是企业数字档案馆系统的核心组成部分，它主要包括办公管理系统和档案管理系统。

办公管理系统是用于支持企业日常办公和业务流程管理的系统。它包括各种办公工具和应用，如电子邮件、日程管理、文档处理、会议管理等。这些工具和应用可以帮助企业高效地进行信息交流、任务分配、协同办公等，提高办公效率和工作质量。

档案管理系统是用于数字化档案的收集、整理、归档、检索和利用的系统。它主要提供档案管理的工作流程和功能，包括档案的数字化处理、元数据管理、电子档案库的建立和维护等。该系统可以帮助企业实现档案的电子化存储和管理，提高档案的可访问性、可搜索性和安全性。

（2）资源建设系统。资源建设系统是为数字化档案提供必要的技术和设施支持的系统。它主要包括数字化加工系统、音视频加工系统和元数据加工系统。

数字化加工系统用于将纸质档案或其他非数字化形式的档案转化为数字化格式。它可以进行图像处理和优化，确保数字化档案的清晰度和可读性。通过数字化加工系统，企业可以将大量的纸质档案快速转化为数字形式，方便存储、管理和检索。

音视频加工系统用于处理和管理企业的音频和视频档案资源。它主要提供专业的音频和视频处理工具，对音频和视频文件进行格式转换、剪辑、修复和优化等操作。通过音视频加工系统，企业可以管理和展示大量的音频和视频档案资源，实现多媒体信息服务。

元数据加工系统主要用于管理和维护档案资源的元数据信息。元数据是描述档案资源属性、内容和关系的数据，对于档案的组织、检索和利用非常重要。元数据加工系统提供了元数据的录入、编辑、标准化和质量控制等功能，支持实现档案资源的元数据准确、完整和一致。通过元数据加工系统，企业可以建立规范的元数据体系，为档案资源的发现和利用提供可靠的基础。

（3）资源管理系统。资源管理系统是用于管理数字档案资源的系统，主要包括用户许可管理系统、资源存储管理系统、资源镜像管理系统、资源加密管理系统、词表维护管理系统和多媒体光盘制作系统六大模块。

用户许可管理系统是用于管理和控制企业内部员工或外部用户对数字档案馆系统的访问权限。通过该系统，企业可以设定不同用户的权限级别和访问范围，以确保档案资源的安全性和合规性。该系统主要提供用户账号管理、角色分配、权限控制和日志记录等功能，有效管理和监控用户对资源的访问与操作。

资源存储管理系统是用于对数字档案馆系统中各类资源的存储进行规划、管理和维护。它包括存储设备的选取和配置、存储空间的分配和扩展、存储策略的制定和执行等方面。资源存储管理系统旨在确保档案资源的安全性、可靠性和可持续性，同时满足对存储性能和容量的要求。

资源镜像管理系统是用于创建和管理数字档案馆系统中的资源镜像。资源镜像是指对重要的档案资源进行复制和备份，以提供数据冗余和灾备恢复能力。资源镜像管理系统提供了自动化的镜像创建、同步和恢复功能，以保证档案资源的持久性和可用性。

资源加密管理系统是用于对数字档案馆系统中的敏感或机密资源进行加密保护。通过该系统，企业可以实现对档案资源的加密处理，确保资源在存储、传输和访问过程中的安全性。该系统主要提供加密算法的选择和配置、密钥管理和权限控制等功能，以保证档案资源的机密性和完整性。

词表维护管理系统是用于管理数字档案馆系统中的词汇表、主题词、分类代码等标引和检索工具。通过该系统，企业可以维护和更新词表内容，确保档案资源的标引和检索的准确性。该系统主要提供词表的编辑、扩展、关联和审核等功能，支持档案资源的主题分类和关键词检索。

多媒体光盘制作系统用于制作和管理数字档案馆系统中的多媒体光盘。通过该系统，企业可以将数字档案资源刻录到光盘介质中，形成可独立使用的光盘资源。该系统主要提供光盘制作流程的管理、光盘内容的选择和排版、光盘标识和索引的生成等功能，方便用户获取和使用档案资源。

（4）资源服务系统。资源服务系统主要包括资源检索发布系统、音视频点播系统、个性化服务系统和参考咨询服务系统。

资源检索发布系统是用于用户对数字档案馆中的资源进行检索和查找的核心功能模块。通过该系统，用户可以根据关键词、主题、分类等条件进行高效的检索，快速定位到所需的档案资源。同时，资源检索发布系统还可以提供资源展示、资源导航和搜索结果排序等功能，提升用户对档案资源的浏览和查找体验。

音视频点播系统用于提供企业数字档案馆中的音视频资源的在线播放和点播服务。通过该系统，用户可以方便地访问和观看数字档案馆中的音频和视频资料，包括会议记录、讲座视频、历史影像等。音视频点播系统支持多种播放格式和设备，提供良好的用户界面和交互体验，用于满足用户对多媒体档案资源的需求。

个性化服务系统旨在为用户提供个性化的档案服务体验。通过该系统，用户可以订阅关注的档案资源、设置个人偏好和定制化需求，从而获取定制化的推荐内容和服务。个性化服务系统利用用户的历史行为、兴趣偏好等数据和用户群体分析等技术手段，提供个性化的推荐、定制化的推送，以提升用户对档案资源的个性化感知和满意度。

参考咨询服务系统为用户提供档案资源的参考咨询和专业指导。通过该系统，用户可以向专业的档案管理人员或领域专家咨询与档案资源相关的问题，获取专业的解答和指导。参考咨询服务系统提供在线咨询平台、问题提交和反馈机制，以完善服务并提高用户对档案资源的利用效果。

第四节　企业档案信息化建设的架构与流程

一、企业档案信息化建设的架构

（一）应用架构

应用架构是指企业档案信息系统的功能模块组织和业务流程设计。在应用架构中，需要考虑到企业档案管理的各个环节和需求，如档案的采集、归档、检索、调阅、借阅、销毁等。这些功能模块应该紧密配合，形成一个有机的整体，以实现对档案信息的全面管理和利用。

在设计应用架构时，企业需要充分了解自身的档案管理需求，确保系统能够满足企业实际业务的要求。应用架构应该考虑到不同层级的用户，如档案管理员、部门负责人和普通员工，为他们提供相应的功能和权限。在一个复杂的企业环境中，应用架构可以帮助管理者和设计者决定应用系统如何交付特定的功能和服务，确定应用的设计方式（例如是否采用微服务架构或单体架构）、数据交互方式、安全策略，以及确定如何整合其他系统或服务等。一个良好的应用架构可以提高系统的可扩展性、可维护性、可靠性和安全性，同时可以降低系统的复杂性，使其更容易理解和管理。在企业级应用开发中，应用架构的设计是至关重要的一步，因为它直接影响应用系统的质量和企业的 IT 战略。

（二）信息架构

信息架构是指企业档案信息系统中档案信息的组织结构和关系。信息架构规划则是指设计和组织网站或应用的内容结构的过程。信息架构通过对信息结构化，帮助用户整理信息的逻辑关系，让发现和理解信息更容易[①]。对信息架构进行规划需要确定如何将信息分组，如何命名这些分组，以及如何通过菜单、链接和其他导航工具来访问这些分组。从更广泛的意义上来说，信息架构规划也涉及数据管理，包括数据收集、存储、安全、质量、清洗、整合、分析和可视化等。在企业环境中，这包括创建数据仓库、数据库或其他信息存储系统，以及确定如何利用这些资源以支持业务目标。这个规划过程需要深入理解用户需求、业务目标以及现有的技术和数据资源。因此，在规划信息架构时，企业通常会考虑以下几个关键问题：用户需要什么样的信息；这些信息应该如何组织和呈现以满足用户需求；如何确保信息的安全和隐私；如何有效地收集、存储和管理数据；如何利用数据来支持决策和改进业务操作。

（三）技术架构

技术架构是指企业档案信息系统技术层面的组织结构。企业档案信息系统一般以用户展示层、应用逻辑层、数据服务层、应用系统支撑层、网络系统支撑层五层体系结构为整体架构，如图 4-4 所示。

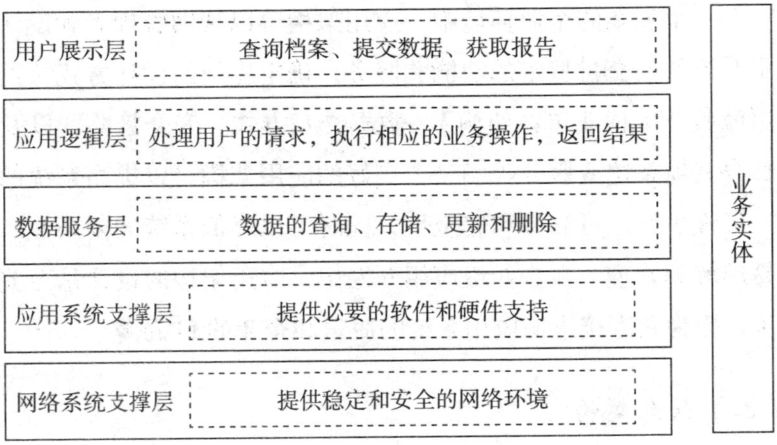

图 4-4　企业档案信息系统技术架构

① 李晶．均衡认知负荷的人机界面信息编码和研究 [M]. 南京：东南大学出版社，2018：154.

1. 用户展示层

用户展示层也称表示层或用户界面层，是企业档案信息系统的最前端，为用户提供了一个可视、可交互的界面来进行操作和获取信息。用户通过用户展示层的界面与系统进行互动，例如查询档案、提交数据、获取报告等。

企业在进行用户展示层设计时，应注重用户体验，界面应清晰、直观、易于操作，让用户可以方便快捷地获取和操作信息。同时，企业还应该考虑到不同的用户角色和权限，为不同的用户提供定制化的界面和功能。在技术实现上，企业可以使用各种前端技术，如 HTML、CSS、JavaScript 等，也可以使用 Java、C# 等编程语言开发桌面应用程序，或者使用 Objective-C、Java、Swift 等开发移动应用程序。

用户展示层通常与后端的应用逻辑层和数据服务层通过应用程序接口进行通信，获取数据和服务，实现前后端分离，使系统的开发和维护更加灵活和高效。

2. 应用逻辑层

应用逻辑层也称业务逻辑层，是企业档案信息系统的核心部分。它负责处理和执行具体的业务规则和流程，实现系统的主要功能。

企业在进行应用逻辑层设计时，应注重业务需求的全面和准确实现，以及系统的稳定性和效率。应用逻辑层的实现通常涉及多种算法和数据结构，以及数据库操作、网络通信、多线程等技术。应用逻辑层的主要任务是处理用户的请求，执行相应的业务操作，随后返回结果。例如，用户通过用户展示层提交一个档案查询请求，应用逻辑层接收到这个请求后，执行查询操作，然后将查询结果返回给用户展示层。

应用逻辑层通常会调用数据服务层来获取和存储数据——数据服务层负责管理数据库或其他数据源，提供数据访问服务。在技术实现上，应用逻辑层可以使用各种服务器端技术，如 Java，C#，Python 等编程语言，以及各种框架和库，如 Spring，Django 等。

3. 数据服务层

数据服务层也称数据访问层，是企业档案信息系统的关键组成部分，主要负责与数据库或其他数据源进行交互，提供数据的查询、存储、更新和删除等服务。

在企业档案信息系统中，数据服务层的核心职责是为应用逻辑层提供数据服务。它将应用逻辑层的数据请求转化为具体的数据库操作，然后与数据库系统交互，获取数据或执行数据操作。

在设计数据服务层时，企业需要考虑数据的一致性、完整性和安全性，以保证数据的准确性和可靠性。同时，数据服务层的设计和实现也需要考虑性能和可扩展性，以支持大规模数据的处理和高并发的数据请求。数据服务层的实现通常会使用数据库管理系统，如 MySQL，Oracle，SQL Server 等，以及各种数据访问技术，如 JDBC，ADO.NET，ORM 框架等。

4. 应用系统支撑层

应用系统支撑层在企业档案信息系统的五层体系结构中，主要负责为应用逻辑层和用户展示层提供必要的软件和硬件支持。这一层的功能涵盖了系统软件的管理和维护，包括操作系统、数据库管理系统、网络通信协议、安全防护机制、存储管理系统等，以及其他可能的中间件（如消息队列、缓存服务）等。应用系统支撑层的存在，使上层的应用逻辑层和用户展示层可以专注于业务逻辑的实现和用户交互的优化，无须过多关注底层的技术细节。同时，该层的软硬件环境为应用逻辑层提供了高效、稳定、安全的运行平台。

在实际操作中，应用系统支撑层通常需要企业进行定期的更新和维护，以保证其正常运行。同时，随着技术的发展和业务需求的变化，企业可能需要对该层的组成部分进行升级或替换，以适应新的需求和挑战。

5. 网络系统支撑层

网络系统支撑层在企业档案信息系统的五层体系结构中，主要负责提供稳定和安全的网络环境，以确保信息高效、可靠地在各个系统层面之间进行交换。网络系统支撑层的主要职责包括以下几个内容。

（1）网络架构设计与管理。网络系统支撑层需要规划和管理企业内部的网络架构，包括局域网、广域网以及其他可能的专用网络。网络架构设计与管理是网络系统支撑层的关键功能，对企业档案信息系统的稳定运行和信息安全有着至关重要的作用。

网络架构设计主要涉及网络的拓扑结构设计、网络设备选择以及网络协议选择等。设计的主要目标是保证网络的可靠性、安全性、可扩展性和效率。网络管理主要包括网络设备的配置管理、网络性能的监控和优化、网络安全管理等。网络管理的主要目标是确保网络的稳定运行，及时发现和处理网络故障，防止网络攻击，保证网络的安全性。

网络架构设计与管理的关键一步是进行网络策略制定。企业要根据自身的业务需求和安全需求，制定适合的网络策略，包括访问控制策略、数据传输策略等。

（2）网络设备管理。在企业档案信息系统建设中，网络系统支撑层的网络设备管理功能非常重要。此功能不仅需要监管网络设备的基础配置和性能，而且需要持续对设备进行升级、维护和优化，以确保整个网络系统的连续性和稳定性。网络设备，例如路由器、交换机和防火墙，是构建和运行网络的基础，支持企业的日常业务运行和数据通信。网络设备的稳定运行是保证企业信息系统连续性和稳定性的基础，对网络设备的有效管理是实现这一目标的关键。

（3）网络安全保护。对企业档案信息系统的网络系统支撑层来说，网络安全保护是至关重要的功能。网络安全保护的目标是保护企业档案信息不被未经授权的人员访问、盗取、篡改或破坏。为此，网络系统支撑层需要采取一系列必要的安全措施和策略。

网络系统支撑层应实施严格的访问控制策略，以确保只有经过授权的用户才能够访问敏感档案信息和系统资源，例如使用身份验证、授权机制和权限管理来限制和监控用户的访问权限。另外，敏感档案信息在传输和存储过程中应进行加密，以防止被未经授权的人员窃取或篡改。采用加密技术，如 SSL/TLS 协议、IPSec 协议等，可以保护数据的机密性和完整性。网络系统支撑层还应配置防火墙和入侵检测系统等安全设备，用于检测和阻止潜在的恶意攻击和入侵行为。这些安全设备可以监控网络流量、识别异常活动，并采取适当的响应措施。

（4）网络优化。对企业档案信息系统的网络系统支撑层来说，网络优化是其关键的任务之一。网络优化功能旨在通过监控、调整和优化网络的性能和可靠性，以提高信息传输的效率和响应速度。企业需要不断监控和分析网络的运行状况，以便及时发现和解决潜在的问题，并采取相应的措施来改善和优化网络性能。

由此可知，网络系统支撑层的重要性不言而喻，它是整个企业档案信息系统稳定运行的基础，同时也是信息安全的重要保障。

二、企业档案信息化建设的流程

不同类型企业的档案信息化建设工作的侧重点和内容不尽相同。一般来看，企业档案信息化建设涉及以下流程，如表 4-1 所示。

表 4-1　企业档案信息化建设的流程

序号	阶段	主要内容
1	需求分析	确定信息化建设的需求，确定信息化建设的目标和范围
2	制订计划	制订详细、可实施的信息化建设计划，包括项目的时间表、预算和人力资源需求等
3	设计系统	基于企业的需求和目标，设计出完整的档案信息系统，包括硬件配置、软件配置、数据架构和用户界面的设计等
4	系统开发和实施	基于设计的系统进行开发和实施，购买和安装硬件，开发和配置软件，进行数据迁移和数据验证
5	培训	为员工提供培训，使他们能够有效地使用档案信息系统
6	测试与优化	在系统上线后，企业需要对其进行测试以确保其功能正常。在测试过程中可能会发现需要优化的问题并进行优化
7	系统运维	在系统正式运行后，企业需要进行持续的运维以确保系统的稳定运行，例如硬件和软件的维护、数据的备份和恢复、系统的监控和优化等

（一）需求分析

需求分析的中心任务是理解并明确企业的实际需求。只有明确了需求，才能设计出符合实际需要的信息系统，从而实现档案管理的信息化。通常情况下，需求分析主要包括以下内容。

1. 问题识别和定义

需求分析的第一步是识别并定义问题。系统设计者需要明确企业档案管理存在的问题，例如无法有效管理档案、难以检索信息、档案安全性问题等。这需要系统设计者深入理解现有的档案管理过程，找出存在的问题和挑战。

2. 需求收集

在问题识别和定义的基础上，系统设计者需要收集各方面的需求，如内部员工的需求、合作伙伴的需求、法律法规要求等。需求收集可以通过访谈、问卷、研讨会等方式进行。

3. 需求分析

在收集到需求后，系统设计者需要进行深入的需求分析。需求分析的目的是理解和确定每个需求的优先级，以及这些需求对信息系统的影响。需求分析通常包括需求分类、需求优先级设置和需求影响分析等。

4. 需求规格化

在需求分析的基础上，系统设计者需要将需求规格化，即将需求转化为明确、具体、可衡量的目标。需求规格化可以帮助系统设计者明确信息化建设的具体目标，并为后续的具体设计和开发提供依据。

（二）制订计划

制订计划的主要目标是根据前期需求分析的结果，制订一份详细的、可实施的信息化建设计划。这个计划将作为整个项目的行动指南，为所有参与人员提供清晰的方向。

在制订计划阶段，首先需要确定项目的时间表，包括每个阶段的开始、结束日期和关键里程碑的预期完成日期。在确定时间表时，应该考虑到项目的复杂性、参与人员的可用性、预期的风险和不确定性等因素。

在制订计划阶段，还需要确定项目的预算。预算应该详细列出项目的所有预期花费，包括硬件购买、软件开发、人力资源投入、培训费用等。在确定预算时，需要考虑到可能的成本超支风险，并为此做好相应的规划。此外，企业还需要确定人力资源需求，并基于此计算人力资源预期投入，包括确定项目需要的技能和专业知识，以及对应的人力资源配置。在此基础上，需要根据项目的具体需求，确定需要的人员数量和技能等级。

值得注意的是，在计划中应明确风险管理策略，考虑并识别可能面临的风险，例如技术风险、项目管理风险、财务风险等，并为每种风险制定应对策略。

（三）设计系统

设计系统是企业档案信息化建设过程中的核心环节，其目标是创建一个能够满足企业需求的档案信息系统。在这个阶段，根据需求分析和计划制订的结果，系统设计者需要概念化和规划一个全面的档案信息系统。

在设计系统阶段，首先涉及的是硬件和软件的配置。硬件配置一般包括服务器、存储设备、网络设备等。系统设计者在选择和配置硬件时，需要考虑到数据的存储需求、网络连接需求以及系统的扩展性等因素。软件配置一般包括操作系统、数据库管理系统、档案管理应用程序等。系统设计者在选择和配置软件时，需要考虑到数据管理的复杂性、系统的易用性以及系统的安全性等因素。

数据架构的设计是设计系统环节的重要组成部分。系统设计者需要确定数据的结构和格式，以便于有效地管理和检索档案。这可能涉及对档案的分类、编码、索引等，也可能涉及对档案元数据的定义和管理。此外，系统设计者还需要考虑到数据的安全性和隐私性，为此需要设计相应的数据保护和访问控制机制。

在设计系统的过程中，系统设计者还需要考虑到用户界面的设计。用户界面的设计需要考虑到用户的操作习惯和需求，以确保系统的易用性和用户体验。系统设计者在进行用户界面设计时，应考虑到界面的布局、颜色、图标、菜单等设计，还需考虑到用户的交互和反馈机制等设计。

（四）系统开发和实施

系统开发和实施是企业档案信息化建设的关键阶段，旨在将设计阶段的方案转化为实际可用的档案信息系统。

系统开发主要涉及的是软件开发，基于设计阶段制定的软件配置和需求，软件开发过程通常包括编程、测试和调试等子步骤。编程阶段是将设计好的软件架构和功能转化为计算机程序的过程，通常由专业的软件开发人员完成。测试阶段是检查和验证软件功能是否满足设计要求的过程，包括单元测试、集成测试、系统测试和验收测试等。调试阶段则是修复在测试阶段发现问题的过程，以确保软件的稳定运行。

系统实施主要是指硬件安装和数据迁移的过程。硬件安装包括购买、配置和测试硬件设备，如服务器、存储设备、网络设备等。这个过程需要考虑硬件的性能、可靠性和兼容性等因素。数据迁移是将现有的档案数据转移到新的信息系统的过程。这个过程需要考虑到数据的完整性、一致性和安全性等因素。

在系统开发和实施阶段，企业需要密切关注项目管理的问题，如时间管理、成本管理和质量管理等。此外，企业应有效地组织和协调项目团队，同时也需要对项目的进度和结果进行持续的监控和评估。

（五）培训

培训在企业档案信息化建设中是必不可少的。一个技术先进、功能全面的档案信息系统，如果使用者缺乏适当的知识和技能去使用它，那么这个系统的价值就会大大降低。因此，提供适当的培训是确保系统被有效利用的重要步骤。

在企业档案信息化建设的培训阶段，首要任务就是向员工介绍新的档案信息系统，包括它的功能、操作方法以及使用场景等。这种介绍可以通过一系列的演示、研讨会或者培训课程进行。在介绍系统的基础之上，培训还应当帮助员工理解和掌握如何在他们的日常工作中使用新系统，包括如何进行文件存储、检索、共享，如何处理可能出现的问题，以及在何种情况下应当寻求技术支持等。此外，企业还应该提供一些关于数据安全和隐私保护的培训，让员工了解如何在使用新系统的过程中确保数据的安全性和合规性。

为了确保培训的效果，企业可以开发一套综合的培训计划，包括面向不同角色或不同技能级别的员工的特定培训课程。培训计划应该结合员工的实际需求和学习风格，采用适当的教学方法，如面授课程、在线学习、实践练习等。另外，企业还需要对培训的效果进行评估，根据反馈调整培训计划。

通过有效的培训，员工可以充分利用新的档案信息系统，从而提高档案管理的效率和质量。

（六）测试与优化

测试与优化的目标是确保新建的档案信息系统不仅能够正常运行，还能够满足企业的实际需求并达到预期的性能。企业需要对新建的系统进行全面的测试，包括功能测试（确保各个功能都能正常工作）、性能测试（确保系统在正常负载和高负载下都能正常运行）、安全测试（确保系统的安全性）和用户接受度测试（确保用户能接受并善于操作系统）等，以确保所有功能都能正常工作，且能满足设计阶段的需求规格。

测试可能会发现一些问题或不满足需求的问题。对于这些问题，企业需要进行相应的优化，例如修改软件代码以修复错误，调整系统配置以提高性能，或改进用户界面以提高用户体验等。优化的目标是提高系统的质量，使其更好地满足企业的实际需求。

测试与优化阶段的一个重要原则是持续改进。这意味着只进行一次测试和优化是不行的，而应该在整个系统的生命周期中持续进行。因此，企业应建立一套有效的质量管理机制，以便在系统运行过程中发现问题，并及时进行修复和优化。

（七）系统运维

系统运维（系统运营与维护）是企业档案信息化建设的重要环节，其主要任务是确保信息系统的稳定运行和持续性能改进。这个阶段涉及多个关键的工作，包括系统监控、故障管理、系统更新、安全管理以及备份与恢复等，如图 4-5 所示。

图 4-5　系统运维工作

1. 系统监控

系统运维团队需要定期检查并监控系统的运行状态，包括监控硬件设备的状态（如 CPU、内存、网络设备等）和软件应用的性能（如响应时间、错误率等）。此外，系统运维团队还需要关注系统的安全状况，包括安全警告、攻击尝试等。这一过程旨在实时发现并预防可能出现的问题，以确保系统的连续运行。

2. 故障管理

当系统出现问题时，运维团队需要进行故障排除，找出问题的根源并进行修复，比如处理硬件故障、调试软件错误、修复数据问题等。故障管理的效率将直接影响系统的可用性和企业的业务连续性。

3. 系统更新

随着业务需求的变化和技术的发展，系统需要进行定期或不定期的更新和升级，包括更换或升级硬件、更新软件的版本、优化数据结构等。系统更新的目标是保持系统的技术先进性和业务适应性。

4. 安全管理

运维团队需要负责系统的安全管理，包括用户访问权限的管理、数据的加密和隔离、防火墙和入侵检测系统的管理等，以防止数据泄露和系统被攻击。此外，运维团队还需要定期进行安全审计和风险评估，以提高系统的安全防范能力。

5. 备份与恢复

为了防止数据丢失，运维团队需要进行定期的数据备份。备份的数据应存储在安全可靠的位置，以防数据损坏或丢失。同时，运维团队需要制订并执行数据恢复计划，以确保在发生数据丢失时能够及时恢复数据。

实际上，企业档案信息化建设还可以被简单划分为三个阶段：基础建设阶段、深化应用阶段和信息资源管理阶段。其中，基础建设阶段是企业档案信息化建设的初期阶段，主要关注基础设施的搭建和基本框架的构建。在此阶段，企业需要投资购买和安装必要的硬件设备，如服务器、存储设备、网络设备等；也需要部署适合企业需求的软件系统，包括数据库管理系统等；还需要建立档案信息化管理的相关制度，培训员工以提升其信息技术技能。基础设施搭建完毕后，企业开始更深入地应用信息化技术以提升档案管理效率和质量，这一阶段便是深化应用阶段。该阶段主要涉及优化和完善现有的档案信息系统，以及增加新的功能、提升用户界面的友好度等工作。同时，企业也可以开始探索利用大数据、人工智能等先进技术进一步提升档案管理的智能化水平。在信息资源管理阶段，企业的档案信息化建设已经相当成熟，企业将更加重视档案信息的整合和利用，以实现信息资源的最大化价值。企业可能会在这一阶段实施跨部门、跨系统的信息共享，或者将内部的档案信息与外部的信息资源进行融合，以实现更深层次的信息分析和应用。

第五章

企业档案信息化建设的具体实施

第一节　企业文书档案信息化建设与管理

一、文书档案概述

文书档案是指机关、企事业单位及其他组织在日常工作中产生的各类文书的集合。它包括了各种书面形式的文件、函件、公文、备忘录、报告、会议记录、合同、协议等。文书是组织内部各个部门之间沟通和协调的重要工具，也是组织与外界交流和合作的重要依据。文书档案记录了组织内部的重要信息、决策过程、工作任务和活动等内容，并在组织的运行和管理中发挥重要作用。文书档案是组织运转和管理的基础，对于组织的正常运行、决策制定、责任追究以及保证合法权益等方面起到重要的支持和保障作用。

文书档案的管理涉及档案的创建、归档、保管、检索、利用和销毁等各个环节。有效的文书档案管理可以保证组织内部信息的准确性、完整性和可靠性，提高工作效率，规范工作流程，并为组织的决策制定、工作评估、法律诉讼和历史研究等提供必要的依据。

文书档案管理是档案工作的重要组成部分。随着信息时代的到来，许多信息通过网络进行管理和传输。在此背景下，文书档案管理开始走向信息化。文书档案管理的信息化旨在利用先进的信息技术手段，将文书档案信息进行信息化处理，以提高管理效率和信息传递的准确性。通过将文书档案数字化、网络化和智能化，档案管理机构可以更好地保护和管理档案信息，提高档案管理的水平和质量。通过信息化应用，档案管理人员能够更快速地收集、整理、存储和检索档案信息，提供更好的档案服务。

二、企业文书档案信息化建设的优势

企业文书档案信息化建设是企业通过利用计算机、网络和相关软件系统等技术手段，对文书档案进行数字化、网络化和智能化处理，以实现文书档案信息的高效管理、安全保存、便捷检索和全面利用。

企业文书档案信息化建设的优势体现在以下几个方面。

（一）提高档案管理的效率和精确度

企业相关人员可以通过数字化转换和电子化存储设备，快速获取、整理和检索文书档案，避免传统纸质档案的烦琐手动操作以及多余的时间消耗。电子化存储和管理，使文书档案可以更加便捷地被搜索、浏览和利用，有助于减少人工处理的工作量，提高档案管理的效率和准确性。

（二）有助于节约物理空间

传统的纸质文书档案需要大量的文件柜和存储空间，占据了大量的办公场地。信息化存储使文书档案可以以电子形式保存，减少了对纸张和实体存储设备的需求，从而可以节约办公空间，提高办公环境的利用效率。

（三）促进信息共享和协作

企业员工可以通过网络平台和协同工作系统，共享和获取文书档案信息，这在一定程度上有助于促进部门间的协作和信息流动。文书档案在线共享和协同工作功能可以使团队成员实时查看、评论和编辑文书档案，提高企业员工的工作效率和团队合作能力。

三、企业文书档案信息化管理的主要内容

（一）数字化管理

数字化管理是企业文书档案信息化管理的重要内容。在传统的企业文书档案管理中，档案的信息载体是纸质文书，需要进行烦琐的记录和管理工作。在这种模式下，档案管理人员需要投入大量时间和精力，工作既枯燥又繁重。此外，由于信息量巨大，手动录入可能出现各种错误，且大量的纸质档案需要占用大量的库房空间。因此，将企业文书档案转化为数字形式，并通过计算机进行档案信息化管理，是一种更加高效的方式。在数字化管理模式下，电子计算机成为档案信息化管理的主要载体。这种管理模式可以节省人力、物力和财力资源，并降低人员的劳动强度，提高工作效率。

数字化管理的好处在于，通过数字化手段将纸质档案转化为电子形式，可以实现档案信息的快速检索、高效存储和方便共享。数字化档案可以进行全文检索和元数据关联，使用户能够快速、准确地找到所需的信息。此外，数字档案的存储空间相对较小，可以减少对库房的需求，节省企业的存储成本。

通过数字化管理，企业能够实现对档案信息的高效管理和精细化控制。数字档案系统可以设定访问权限，确保只有经过授权的人员才可以查看和修改档案信息。同时，数字化管理还可以建立档案的审计和追溯机制，对档案的修改和操作进行记录，保障档案信息的安全度和可信度。

通过将纸质档案转化为数字档案，利用计算机技术进行档案信息化管理，企业可以实现档案信息的高效存储、快速检索和方便共享，提高工作效率和管理水平。此外，数字化管理还可以提升档案信息的安全性和可控性，为企业的发展和决策提供有力支持。

（二）网络化管理

经过计算机处理和转化之后，企业可以对文书档案进行网络化管理。网络化管理是指通过计算机网络，将处理后的数据以不同范围、层次和区域的形式进行存储和传输。通过对数据进行细分，用户可以通过网络快速查询所需的数据，大幅减少了数据查询所需的时间和工作量。企业对于文书档案进行网络管理，可以实现信息资源的共享、满足用户快速查询的需求，对于企业的发展具有重要意义。

网络化管理为企业文书档案信息化管理提供了多种功能，如图 5-1 所示。第一，网络检索功能。网络化管理可以实现快速的全文检索和元数据检索，用户可以根据自身需要进行灵活的查询操作，从而快速获取所需的文书档案信息。第二，网络隔离功能。网络化管理可以实现不同用户或部门之间的数据隔离和权限控制，确保文书档案信息的安全性和保密性。第三，网络分类功能。网络分类管理是指根据一定的分类标准和规则将文书档案进行网络化归类和组织，方便用户按照特定的分类方式进行浏览和查询。第四，网络复制功能。企业可以通过网络化管理实现文书档案数据的备份和复制，以保障数据的安全性和可靠性。

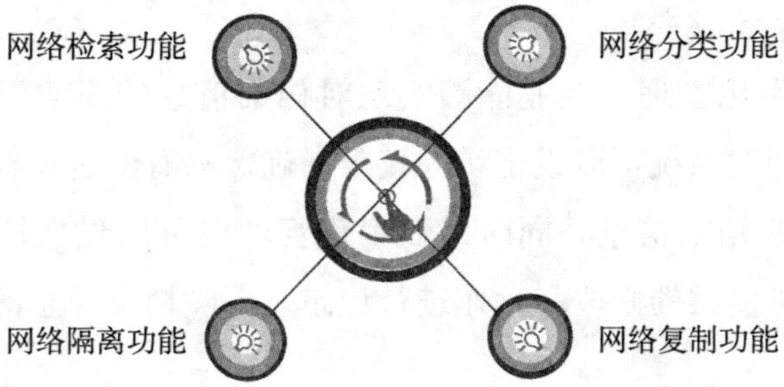

图 5-1　网络化管理的主要功能

通过利用计算机网络技术，企业能够实现文书档案信息的存储、传输和查询等网络化管理功能。网络化管理满足了信息资源共享和用户快速查询的需求，有利于提高文书档案管理的效率和精确性，对于企业的发展和决策具有重要意义。

四、企业文书档案信息化建设与管理的策略

（一）明确信息化建设的目标和需求

明确信息化建设的目标和需求是企业进行文书档案信息化建设与管理的关键基础。企业应明确文书档案信息化的目标，如提高管理效率、提供快速查询和共享服务等，并结合企业的实际需求确定相应的信息化策略。企业要对文书档案管理的特点、工作流程和自身的信息需求进行全面的分析和评估，为信息化建设提供明确的方向和指导。

在进行企业文书档案信息化建设时，第一步是明确信息化建设的目标和需求。这意味着企业需要清楚地确定信息化建设的目标是什么。同时，企业还需要根据自身的实际需求来确定相应的信息化策略。为了确保成功实现信息化建设，企业应进行全面的分析和评估。企业不仅要了解文书档案管理的特点，包括文书种类、数量和管理方式等，还要了解文书档案管理的工作流程，即文档的创建、审批、存储和检索等流程，以便在信息化建设中考虑并优化这些流程。更重要的是，企业需要明确自身的信息需求，即档案的具体信息内容以及查询和共享的要求，以便确保信息系统能够满足这些需求。通过对信息化建设目标和需求的明确性分析与评估，企业能够得出信息化建设的明确方向。这有助于确保所选择的信息化策略与企业的实际需求相匹配，从而实现文书档案管理的效率和服务质量的提升。

（二）制定合理的信息化规划和策略

基于明确的目标和需求，企业应制定全面的信息化规划和策略，包括技术规划、资源配置、组织架构和管理体系等多个方面。企业在制定合理的信息化规划和策略时，需要综合考虑企业的规模、业务需求、数

据量以及未来的扩展性和升级性，并合理配置人力、财力和物力资源，以支持信息化建设和运维，如招聘和培训专业人员、配置必要的硬件和软件设备，以及为信息化项目预留足够的经费和时间。

信息化规划和策略应全面覆盖文书档案的管理过程。从文书档案的产生、收集、整理、存储、检索到最终处置，企业需要确保信息化建设与管理能够贯穿整个文书档案的生命周期。同时，企业需要建立统一的数据标准和元数据，制定文档分类和命名规范，以及确保文书档案的合规性和准确性。

（三）选择合适的信息化技术和工具

选择合适的信息化技术和工具对于企业文书档案信息化建设与管理至关重要。企业需要综合考虑文书档案的特点和需求，选择具备可靠性、安全性、易用性和可扩展性的系统和设备，以满足文书档案管理的要求，并与企业现有信息系统进行有效的整合。选择合适的信息化技术和工具能够为企业提供高效的文书档案管理服务，推动企业的信息化发展。

企业可根据文书档案的特点和需求，选择合适的文书档案管理系统。这些系统应具备高度可定制性和灵活性，能够满足企业的具体需求，并支持文书档案的电子化存储、检索和共享功能。此外，这些系统还应具备良好的用户界面和友好的操作体验，以提高用户的工作效率和满意度。

选择合适的数据库管理系统是企业文书档案信息化建设的关键之一。数据库管理系统应能够处理和存储大量的文书档案数据，并提供高效的数据检索和管理功能。安全性是选择数据库管理系统时的重要考虑因素，包括数据的备份和恢复机制、访问控制和权限管理等。

选择合适的电子存储设备也是重要的一环。企业可根据文书档案的规模和需求选择合适的存储设备，如硬盘阵列、磁带库等。存储设备应具备高可靠性和扩展性，能够安全地存储和保护文书档案数据，并支持快速的数据访问和检索。

另外，网络平台也是信息化建设中不可忽视的方面。企业应选择稳定可靠的网络平台，包括局域网和互联网，以支持文书档案的网络化存储、共享和访问。网络平台应具备高速、安全和稳定的特性，能够满足大量用户的同时访问需求，并保障文书档案信息的安全和保密。

在选择合适的信息化技术和工具时，企业还应考虑与现有信息系统的整合。这意味着选择的信息化技术和工具应与企业现有的信息系统兼容，并能够与其进行有效的数据交换和集成，以实现信息的共享和协同工作。

第二节　企业科技档案信息化建设与管理

一、科技档案概述

（一）科技档案的含义

科技档案是指与科技研究、技术开发、创新成果等相关的文件、资料和记录，包括科技项目申报书、研究计划、实验数据、研究报告、专利文献、科技论文、会议记录等。科技档案记录了科技研究和技术开发的全过程，涵盖了科学家、工程师等研究人员的实验、观察、实施、分析和结论等信息。科技档案是科技研究和技术开发的重要产物，也是科技成果的重要证明和知识资源的重要组成部分。科技档案的内容包括研究项目的立项、实验设计和过程记录、实验数据和分析结果、创新成果的描述和验证、专利申请和授权文件、科技论文和学术交流记录等。这些档案记录了科技活动的关键信息和重要数据，对于科技研究的再现、知识产权的保护和科技创新的推广具有重要价值。

（二）科技档案的种类

科技档案涵盖了多个领域和行业的科技活动，因此其种类具有多样性。根据科技活动的性质和用途，科技档案可以分为基础研究档案、应用研究档案、技术开发档案等。基础研究档案记录了科技研究的理论和实验数据，包括科学探索的思路、实验设计、研究结果等。应用研究档案则关注科技研究在实际应用中的效果和影响，包括应用研究的目标、实施方案、技术验证结果等。技术开发档案记录了科技创新的具体成果和应用，包括技术开发的过程、产品设计、技术标准等。

此外，科技档案还可以按照所属领域进行分类，包括信息技术档案、生物医药档案、能源环保档案等。这些不同领域的科技档案记录了各自领域内的科技发展和创新。

（三）科技档案的作用

科技档案在科技活动和创新中发挥着重要作用。一方面，科技档案是科技活动的重要记录和证据，能够提供科研过程的真实性和可信度，对科技成果的评估和验证具有重要意义。另一方面，科技档案还为科技活动的知识积累和传承提供了重要的资源和参考依据，能够为科技研究和技术创新提供支持和借鉴。此外，科技档案还是科技管理和决策的重要依据，能够为科技政策的制定和科技资源的合理配置提供科学依据。

通过对科技档案的有效管理和信息化建设，可以提高科技活动的效率和质量，促进科技成果的转化和应用，推动科技创新和经济发展。同时，科技档案的信息化管理能够为科技工作者提供便利的科研环境和资源共享平台，促进科研团队的协同合作和知识交流。

（四）科技档案管理的原则

科技档案管理需要遵循档案管理的原则和规范，包括确保档案的完整性、准确性和可追溯性，制定合理的档案分类和标识体系，建立适当的存储和检索机制，以及制定档案的保密和保护措施等。科技档案的有效管理和利用有助于促进科技知识的传承和创新能力的提升，对于科技研究机构、高等教育机构、科技企业等具有重要意义。一般来看，科技档案管理的原则包括完整性原则、准确性原则和可追溯性原则，如图5-2所示。

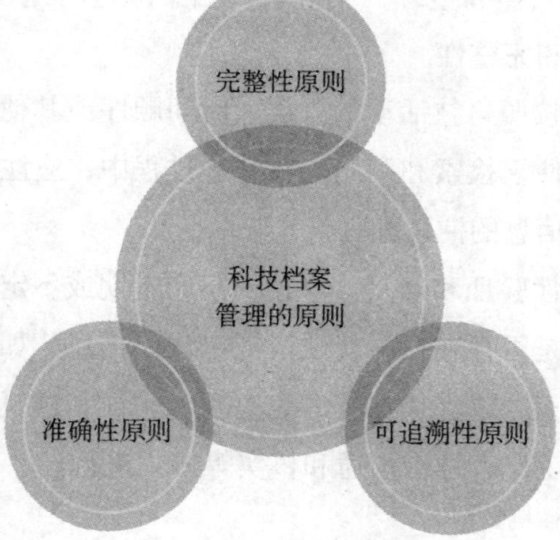

图 5-2　科技档案管理的原则

1. 完整性原则

完整性原则是科技档案管理的重要原则之一，其核心是确保科技档案的所有相关信息和资料完整无缺。科技档案应保持完整，不应有缺失或遗漏的信息。所有相关的科技活动记录和资料都应得到妥善保存和归档，以确保档案的完整性。在企业实践中，完整性原则主要体现在以下几个方面。

第一，完整记录科技活动。科技档案应当全面记录科技活动的各个环节和阶段。从科研计划、实验设计到实验数据、结果分析，都应详尽记录，以便日后查阅和复现。对于一次科技活动，档案应包含其完整的过程和结果，确保不会出现信息的遗漏。

第二，完整保留相关资料。科技档案应保留与科技活动相关的所有资料，包括文档、图纸、报告、研究数据等。这些资料不仅涵盖科研过程中产生的原始数据，还包括对研究结果的解释和分析，以及科技成果应用和推广的相关资料。保留完整的资料可以提供更全面、准确的信息支持。

第三，完整归档和整理档案。科技档案应进行适当的归档和整理，确保档案的有序和完整性。

科技档案应按照科技活动的分类、时间顺序或其他合理的方式进行组织和归档，以便于检索和利用。在整理过程中，应注意保持原始顺序和关联性，避免信息的混乱和丢失。

第四，完整性验证和修复。科技档案应定期或不定期进行完整性验证，检查档案中是否存在遗漏、缺失或错误的信息。如发现问题，应及时进行修复和补充，以保持档案的完整性。验证和修复可以通过审查档案记录、与科技工作者进行沟通和核实等方式进行。

2. 准确性原则

准确性原则是科技档案管理的核心原则之一，它要求科技档案中的信息必须准确无误，真实反映科技活动的实际情况。保持科技档案的准确性对于科技研究的可信度和科技成果的评估具有重要意义。对于企业档案管理来说，准确性原则要求企业做到以下几点。

第一，企业应制定科技档案管理的标准和规范，明确各个环节的操作流程、数据标准、编码规则等。

第二，企业需要建立科技档案的分类体系和编码系统。建立科技档案的统一分类体系可以帮助企业更好地组织和管理档案信息。同时，通过采用统一的编码系统，可以对科技档案进行唯一标识和识别，方便档案的检索和跟踪。

第三，企业应建立科技档案的索引和检索机制。有效的索引和检索机制可以提高档案信息的查找效率。企业可以利用关键词索引、主题词表、元数据等方式对档案进行标引，同时建立便捷的检索系统，支持全文检索和多维度查询，以使用户快速获取所需的科技档案信息。

第四，企业应规范科技档案的存储和归档方式。科技档案的存储需要考虑数据的安全性、可靠性和可持续性。企业可以采用合适的存储介质和技术，如云存储、备份系统等，确保档案信息的长期保存和备份。同时，企业需要制定档案归档的时间规范和流程，保证科技档案能够按照一定的规定进行整理、归档和管理。

3. 可追溯性原则

可追溯性原则是科技档案管理的重要原则之一，它要求科技档案中的信息能够追溯到其来源和生成的过程。这一原则的实施有助于确保科技档案的可信度、可靠性和透明性。

可追溯性原则要求科技档案应当明确记录来源和生成信息的相关细节，如记录文档的产生时间、地点，以及相关人员的姓名、职责等。这样可以确保档案信息的来源可靠，并为后续的查询和审查提供依据。科技档案中的文件也应当进行适当的标识和标记，以便能够追溯其生成和归档的过程。标识包括文件编号、日期、文件类型等信息。科技档案中的修改和修订也应当有明确的记录和标识，包括修改的时间、原因、责任人等信息，以追溯到档案信息的演变和变更过程，确保信息的准确性和完整性。另外，企业还应在科技档案管理方面建立相应的溯源机制，确保档案信息的可追溯性。这可以通过建立档案目录、档案索引、审批流程等方式实现。溯源机制可以提供对档案信息进行追踪和溯源的能力，确保档案的可靠性和可信度。

二、企业科技档案信息化建设与管理的必要性

（一）科技研究成果转化的要求

企业科技档案信息化建设与管理是科技研究成果转化的必然要求。将企业科技档案进行信息化、数字化和网络化的处理，建立企业科技档案信息资源共享体系，有利于实现企业档案管理的利用目的。这一建设旨在提高科技成果的转化率和产业化率，满足国民经济发展的需求。因为科学技术的发展是连续不断的社会活动，科学研究离不开对已有科技成果的参考和借鉴，社会进步也离不开科学技术的推广和普及。

企业科技档案承载着丰富的科学知识、科学思想、科学方法、科学态度和科学精神，有些是企业内部可以共享的，有些是可以面向社会公众开放的。企业科技档案信息化建设使这些宝贵资源可以更加便捷地被获取和利用。通过数字化和网络化的手段，企业科技档案的信息可以被广泛共享，从而促进科研人员之间的交流与合作，推动科技成果的应用与推广。同时，企业科技档案信息化建设也为科技研究的持续发展和创新提供了强有力的支持，有助于提高科技研究的效率和质量，推动科技进步与社会进步的融合。

（二）提供信息资源支持与服务

长期以来，企业科技档案工作一直处于封闭的利用模式中，导致大量的档案信息资源未能得到充分的开发和利用。从经济和社会进步的角度来看，只有通过信息化建设，充分利用企业科技档案信息资源，才能避免科技研究的低水平重复，降低科技研究成本，提高科技研究效率，建立新型的自主科技创新体系，从而实现为科学研究提供服务的目标。

信息化建设能够推动企业科技档案工作由封闭到开放的转变，为科

技研究提供更多的信息资源支持。通过数字化和网络化的手段，企业科技档案信息可以被广泛共享和利用，为科技研究人员提供丰富的参考和借鉴，加快科技研究进程，提高科技研究成果的质量和影响力。同时，企业科技档案信息化建设还能够促进科技研究机构之间的合作与交流，推动科技创新和科技成果的应用转化，为经济社会发展提供有力支撑。

（三）促进信息资源的交流与共享

科技档案管理实质上是对信息资源的管理。科技信息资源的社会价值在于其开发和利用，而开发和利用的效果受时效性和广泛程度的影响。相对而言，采用现代化管理手段存储的各类信息更易于人们利用和开发，从而产生更广泛的社会效益。在档案管理中，企业科技信息资源的开发和利用是管理的核心任务。通过现代化管理手段，如数字化、网络化等技术手段，能够高效地存储和管理各类信息资源，使其更容易被广泛利用和开发。这样的信息资源开发与利用具有更广泛的社会影响力和经济效益。同时，企业科技信息资源的价值还在于其广泛的共享性、快速的流动性和深层次的挖掘性。通过建立信息交换平台，档案机构能够更便捷地实现信息交流和资源共享，从而提升整体信息资源的利用效率和质量。

三、企业科技档案信息化建设与管理的策略

（一）提高档案标准化、规范化水平

在科技档案的信息化过程中，企业需要严格遵循相关的标准和规范，以确保信息的准确性和一致性。标准化和规范化的档案管理可以提高信息处理的效率，减少错误和遗漏，促进信息的互通性和互操作性。企业要对科技档案分类、编码、索引、存储和检索等各个环节实施标准化和规范化管理，制定并执行档案信息的质量控制和质量保证策略。企

业科技档案包含了企业乃至国家发展的重要资料，因此应始终按照较高标准和规范进行管理。

（二）强化企业科技档案数据库建设

以数据库为核心的科技档案信息化建设是实现档案数字化、集成化和智能化的关键。企业应投入足够的资源建设科技档案数据库，包括硬件设施、软件系统、数据资源和人力资源等，以满足档案信息化的需求。此外，企业在进行数据库的建设时，需要考虑数据的安全性和可靠性，包括数据备份、恢复、加密、防病毒和防黑客攻击等。

企业在建设科技档案数据库时，不仅需要投入足够的硬件设施，如服务器、存储设备和网络设备，以满足数据库存储和处理的需求，还需要选择适合的软件系统和工具，用于数据库的管理、维护和查询等操作。企业可以建立科技档案信息的标准化录入流程和数据质量控制机制，以提高数据的质量和一致性。科技档案数据库中可能包含敏感信息和重要数据，因此，企业需要采取相应的安全措施来保护数据的安全性，如定期进行数据备份和恢复，使用加密技术保护敏感数据，部署防火墙和安全审计系统，以及进行病毒扫描和防止黑客攻击等。另外，企业可以优化数据库的设计和索引，以提高查询和检索的速度和准确性，并对数据库进行监控和调优，及时处理数据库的性能问题，以确保科技档案信息的及时访问和使用。

（三）提高企业科技档案信息服务水平

企业科技档案信息服务不仅是提供档案信息，而且所提供的信息常常可以满足企业科技创新和发展的需求。因此，企业档案工作人员需要具备较高的信息素养和服务能力，并对企业科技发展趋势和用户需求有较为深入的了解。企业档案工作人员应该具备广泛的专业知识，熟悉企业的科技发展方向和需求，以便为用户提供准确、及时的信息服务。此外，企业档案工作人员还应具备良好的沟通能力和客户服务意识，能够与用户进行有效的互动，以提供个性化的信息服务。

企业要积极利用现代信息技术，如数据挖掘、人工智能、云计算等，提升档案信息服务的智能化水平，为用户提供更加精准、快速、便捷的信息服务。现代信息技术可以帮助企业从海量的档案信息中发现隐藏的知识和关联性，提供更加精准和智能化的信息推荐与查询服务。通过建立智能搜索引擎、知识图谱和推荐系统等，企业可以为用户提供更具价值的信息服务。

企业可以通过建立科技档案信息共享平台和开放数据接口，提供开放式的信息服务，促进科技信息资源的共享和流通。这样可以吸引更多的用户参与进来，提供更广泛的信息服务。通过与其他相关机构的合作，如科研机构、大学和行业协会等，企业可以获取更丰富的科技档案信息资源，拓宽信息服务的范围和深度，助力企业科技创新和发展。

第三节　企业声像档案信息化建设与管理

一、声像档案概述

（一）声像档案的含义

声像档案是一种特殊的档案形式，它以胶卷、磁带、光盘等材料为载体，辅以文字叙述，记载了重要历史、科技活动以及有关人物的活动等。声像档案包括音频和视频材料，涉及各种形式，如录音带、录像带、电影胶片、数字化的音视频文件等。声像档案在许多领域都有其重要的价值。例如，在历史研究中，声像档案可以提供直观的历史见证，揭示过去的社会生活情境和事件；在教育和文化传播中，声像档案可以作为教学和展示的资源；在法律和商业活动中，声像档案可以作为证据或参考。

（二）声像档案的特点

1. 直观生动

声像档案以声音和影像作为主要信息载体，能够以生动、直观的方式记录和传递信息。通过音频和视频的形式，声像档案能够呈现更加真实和具体的场景，使人们更好地理解所记录的内容。

2. 便于复制

相比于纸质档案，声像档案具有较高的可复制性。通过数字化技术和复制设备，人们可以轻松地复制和传播声像档案。这种便捷的复制性有助于扩大声像档案的传播范围和影响力。

3. 保管特殊

声像档案的保存需要特殊的环境和设备。由于声像档案的媒体多样，如磁带、光盘、硬盘等，因此它需要在适宜的温度、湿度和光线条件下进行妥善保存，以防止媒体的老化和损坏。此外，声像档案还需要定期进行转码和迁移，以确保其长期保存和可访问性。

（三）声像档案的作用

声像档案在许多领域都具有重要的作用。声像档案是文化遗产的重要组成部分，记录了人类社会和文化的丰富多样性。通过声像档案的保存和传播，可以保护和传承人类的文化遗产，促进文化多样性的交流。声像档案在教育和研究领域发挥着重要作用，可以为师生、研究人员提供珍贵的教学资源和研究资料，帮助他们深入了解历史、文化、科学和艺术等领域的知识。声像档案还在娱乐和媒体行业中发挥着重要作用。音乐、电影、电视节目等娱乐内容的创作、传播和保存都离不开声像档案的支持和贡献。此外，声像档案的作用还体现在为社会记录和解决纠纷、保护知识产权、展示人们的生活和经历等方面，可以作为重要的证据和资源。同时，声像档案还可以成为社会记忆的重要载体，通过记录和展示人们的生活、事件和经历，帮助人们更好地认识过去、理解现在和展望未来。

在数字化时代，声像档案的数字化和在线访问也为更广泛的公众提供了便利和机会，使档案资源能够更加广泛地被利用和共享。

二、企业声像档案信息化建设与管理的必要性

（一）企业声像档案具有一定的再现性

声像档案以其独特的方式，捕捉和保存了过去的声音和影像，具有非常高的再现性，能够生动地展现历史事件和社会生活。这对于企业来说，无论是在内部管理、员工培训，还是在对外宣传、品牌塑造等方面，都具有非常重要的价值。因此，进行声像档案的信息化建设，可以更好地利用这些宝贵的资源，提高其使用效率和价值。

（二）企业声像档案具有特殊性

声像档案的媒体形式多样，从胶片、磁带到数字文件等，不同媒体形式的声像档案的存储、保护和管理的方式有所不同，要求较高的专业性和技术性。与此同时，声像档案的存储性问题也十分突出，尤其是老旧的声像资料，如果不进行合适的保存，很可能会遭受损坏，甚至丧失。因此，进行声像档案的信息化建设，可以采用现代技术手段，如数字化、云存储等，来解决存储问题，提高档案的安全性和可用性。

（三）企业声像档案对软硬件设备的依赖性

声像档案的读取、播放和处理，都需要相应的软硬件设备，这使声像档案的管理和使用具有较大的技术依赖性。例如，一些特定格式的声像档案，需要特定的设备和软件才能打开；随着技术的更新换代，一些老旧的设备和软件被淘汰，导致一些声像档案无法被读取。因此，进行声像档案的信息化建设，可以通过技术更新和标准化，来解决这些依赖性问题，保证声像档案的长期可访问性和可用性。

三、企业声像档案信息化建设与管理的策略

（一）建设完善的企业声像档案收集制度

企业应建立一套完整、科学的声像档案收集制度，明确收集的内容、来源、方式、频率等，以此来保证声像档案的全面性和系统性。企业可以采用多种方式进行声像档案的收集，如录制、摄制、采购等。在确定收集方式时，企业需要考虑技术设备的选择、人员培训和资源投入等因素，以确保收集过程的高效性和质量。收集频率是企业在制定声像档案收集制度时需要重点考虑的因素之一。企业应根据声像档案的重要性和更新速度制定合理的收集频率。例如，一些需要实时记录和保存的声像档案，如重要会议的录音和视频，可以采用实时收集的方式；而一些较为稳定和持久的声像档案，如产品演示和培训视频，可以定期进行收集。此外，企业还应建立相应的质量控制和质量保证机制，包括制定收集标准和流程、进行质量检查和评估等，以保证收集到的声像档案的质量和准确性。除了企业内部产生的声像档案以外，企业还可以利用外部采购或合作获取声像资料。企业要合理利用各种来源，充分利用外部资源丰富声像档案的内容和形式，提高信息的丰富度和多样性。

（二）维护企业声像档案读取设备

声像档案的读取、播放和处理需要相应的软硬件设备，因此企业应定期维护和更新软硬件设备，保证其正常运行，如定期进行设备检查、故障排查、软硬件更新等。企业应制订定期的设备维护计划，定期检查设备的硬件和软件状态，进行清洁和维护，以及更换老化或损坏的部件。通过定期维护，可以预防设备故障，并延长设备的使用寿命。随着技术的发展，供应商会不断推出新的软件版本和驱动程序，用于提升设备的性能和兼容性。因此，企业还应及时关注技术更新，并确保设备上安装的软件版本和驱动程序不过时，以确保设备与其他系统的良好协作。当设备出现故障时，企业还应有明确的流程和责任分工，以便及时排查故障原因并采取适当的修复措施。

维护企业声像档案读取设备的目的是确保设备的可靠性和稳定性，提高声像档案的读取和播放效果。通过有效的设备维护，企业能够保证声像档案信息的准确性和可用性，提高声像档案管理的效率和质量。

（三）规范企业声像档案标准格式

为了提高声像档案的兼容性和互操作性，企业应规范声像档案的标准格式，选择符合国际或行业标准的格式，并对新的声像档案采用统一的格式。对于已有的声像档案，如果其格式已过时或不符合标准，企业要进行格式转换，以保证其长期的可访问性和可用性。在此过程中，企业应注意格式转换的质量控制，避免信息的丢失或变形。

企业应深入了解并遵循相关的国际标准或行业标准，以选择适当的声像档案格式。这些标准通常由专业组织或国际标准化组织制定，旨在确保质量、压缩效率和可持续性。企业应选择与其业务需求和技术环境相适应的标准格式，并确保其与其他系统和设备的兼容性。企业还应注意格式转换的质量控制。在进行声像档案格式转换时，企业应采取适当的转换工具和方法，以确保声像档案的质量和完整性。质量控制措施包括校验和验证转换结果，进行比较和分析，以确保转换的准确性和一致性。

企业要制定和实施文件格式转换的策略与流程，明确文件格式转换的标准和要求，指出确定转换的时机和方式，以及指定负责进行转换的人员或团队。通过制定清晰的策略和流程，企业可以确保格式转换的一致性和可控性，减少错误和数据丢失的风险。企业还要定期审查和更新声像档案标准格式。随着技术的不断演进和标准的更新，企业应保持对最新标准和技术趋势的关注，并对声像档案标准格式进行必要的更新和调整。这有助于保持声像档案的兼容性和可持续性，以适应不断变化的技术和业务环境。

通过规范企业声像档案标准格式，企业可以提高声像档案的互操作性和可持续性，确保声像档案的长期保存和有效利用。同时，合理的格式转换和质量控制措施有助于减少数据丢失和信息变形的风险，确保声像档案的质量和完整性。

第四节　企业电子档案的管理与开发利用

一、企业电子档案管理的目标与原则

（一）企业电子档案管理的目标

1.保证企业电子档案的真实性

企业电子档案的真实性是指其内容、结构和背景信息在经历传输、迁移等过程后仍能保持原有的状态，与形成时的原始状态保持一致。真实性是确保企业电子档案的行政效用和法律证明力的基石，也是保障电子档案能准确反映历史、积聚企业价值，并作为企业记忆得以长期保留

的重要条件。

2. 保证企业电子档案的完整性

完整性是评价企业电子档案管理成功与否的重要指标。电子档案的完整性很难保障。例如，电子文件经常处于流动状态，如未被及时捕获，可能会导致信息丢失；电子文件结构复杂，存储方式多样，容易造成信息的缺损；电子文件的背景信息伴随文件处理过程而不断累加，而且形式多样、存储分散，因此极易丢失，往往导致电子文件来龙去脉不清。因此，为了保证电子档案的完整性，企业必须实施有效的数据保护措施。例如，采用错误检测和纠正技术，实施数据备份和恢复策略，以及防止非法修改和删除等。

3. 保证企业电子档案的可读性

可读性是企业电子档案持久保存的关键要求。电子档案的可读性意味着档案经过存储、传输、迁移等处理后仍能够被用户识读、理解。这就需要企业解决技术变化和数据损坏等问题。为了保证电子档案的可读性，企业需要实施适当的技术策略和管理策略。例如，采用开放的文件格式，实施技术迁移或数字保护，以及定期进行可读性检查等。

（二）企业电子档案管理的原则

1. 前端控制原则

前端控制原则以文件生命周期理论为依据，将文件从形成到永久保存或销毁的不同阶段看作一个完整的过程。在这一过程中，文件的形成是前端，处理、鉴定、整理、编目等具体管理活动是中端，永久保存或销毁是末端，如图 5-3 所示。前端控制是对整个管理过程的目标、要求和规则进行系统分析、科学整合，把需要和可能在文件形成阶段实现或部分实现的管理功能尽量在这一阶段实现。具体来说，企业应在电子档案生成或接收之前，就制定和实施适当的规则与措施。例如，确定档案的分类和编号规则，设置数据输入和校验规则，实施文件命名和格式规则，以及规定元数据的捕获和管理规则等。这样可以从源头上确保电子档案的真实性、完整性和可用性，降低后期管理的难度和风险。

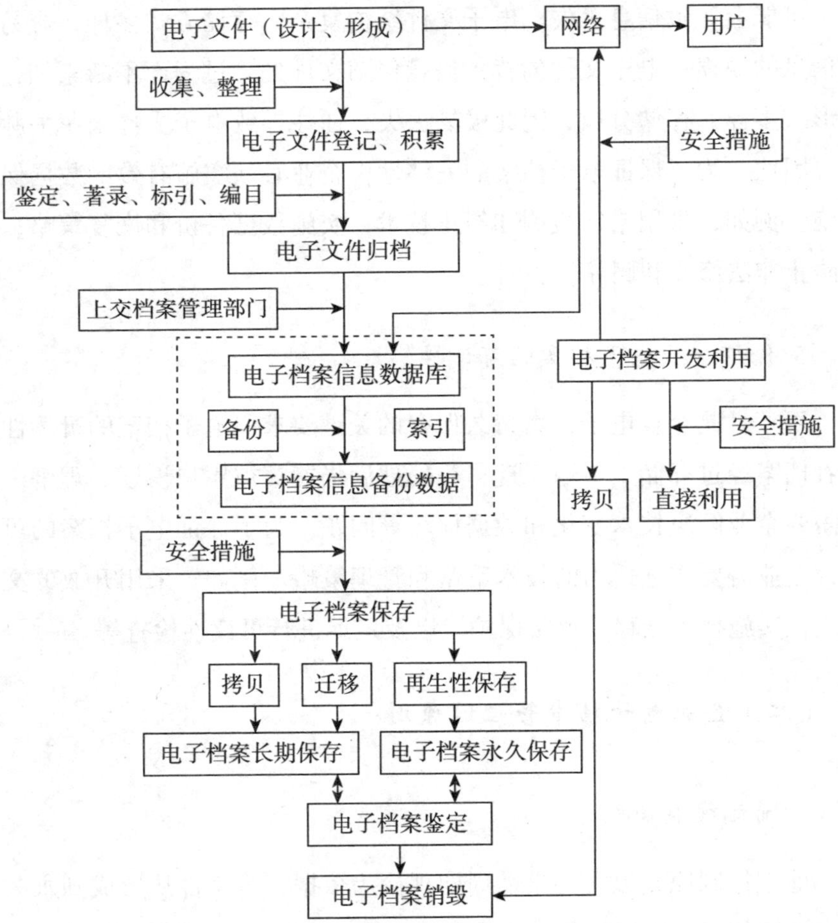

图 5-3 电子档案管理环节示意图[①]

① 徐义全 . 电子文件系列讲座之一——电子文件归档与电子档案管理概述 [J]. 北京档案，2001（1）：14-15.

2. 全程管理原则

企业电子档案管理不仅关注档案的生成和接收阶段，而且关注档案的整个生命周期，包括使用、保存、处置等阶段。根据全程管理原则，企业应对电子档案实施持续的、整体的、动态的管理。例如，实施有效的档案保存和保护策略，制定合理的档案使用和共享策略，实施定期的档案评价和优化，以及规定档案的迁移和销毁程序等。这样可以确保电子档案在其生命周期中的可用性、可靠性和持久性，支持企业业务需求和法律法规要求。

3. 数据安全原则

企业电子档案管理必须重视档案的安全性和个人隐私的保护。根据数据安全原则，企业应采取有效的技术和管理措施，防止电子档案的丢失、破坏、非法访问和非法使用。例如，实施数据备份和恢复，采用数据加密和匿名化，实施访问控制和审计追踪，以及规定数据处理和共享的政策与程序等。此外，企业还应尊重和保护个人隐私，遵守相关的法律法规和道德规范。例如，仅收集和处理必要的个人数据，获取数据主体的明确同意，实施个人数据的最小化和用途限制，以及提供数据主体的权利保障等。这样可以提高企业的信誉和竞争力，避免法律风险和经济损失。

二、企业电子档案的整理与保管

（一）企业电子档案的整理

电子档案的整理，是指按照一定的原则和方法，将收集和积累的电子档案分门别类地进行整理，为归档做好准备工作。企业电子档案的整理过程主要包括以下两个层次。

第一，对电子档案进行分类与排序。企业档案管理部门应建立一个合理的、基于业务需求和档案属性的分类体系，例如可按电子档案的来源、类型、主题、日期等进行分类。这样，同一类别的电子档案可以放在一起，从而形成清晰的电子档案结构和关系。企业档案管理部门还需要为每份电子档案分配一个唯一的编号，以便于电子档案的识别和检索。这个编号可以基于电子档案的属性和位置，也可以自动生成。另外，企业档案管理部门需要对电子档案进行排序，以便于电子档案的查找和使用。这个排序可以基于电子档案的编号、日期、主题等，也可以根据用户的需求和习惯自定义。这样，电子档案就可以被系统地组织起来，形成一个有序的、易于管理和使用的文件集合。在整理过程中，企业档案管理部门可能会遇到文件格式需要重新编排和重新组合的情况，这种格式转换有可能损伤数据，从而损害作为证据的电子文件的真实性。因此，保证电子档案的真实性、完整性是企业档案管理部门整理电子档案的重要工作。

第二，组织、建立数据库。在电子档案整理中，数据库是一个非常重要的工具，它可以提供集中的、结构化的、可扩展的文件存储和管理服务。为了有效地使用数据库，首先，企业档案管理部门需要设计一个合理的、基于文件属性和业务需求的数据库模型，如关系模型、文档模型、图形模型等。这样，电子档案就可以按照这个模型存储在数据库中，形成结构化的、可检索的数据集合。其次，企业档案管理部门需要实施数据库的管理和维护工作，如数据的输入、修改、删除、备份、恢复、优化等。这需要基于数据库的特性和规则，使用合适的数据库管理系统，如 MySQL，Oracle，MongoDB 等。最后，企业档案管理部门还需要建立一个安全的、易用的、高效的数据库访问和操作界面，如 SQL 查询界面、应用程序接口界面、图形用户界面等。这需要基于用户的权限和任务，使用合适的数据库访问语言和工具，如 SQL，Python，Java 等。这样，电子档案就可以在数据库中实现集中、结构化、可扩展的存储和管理。

相比于传统的纸质文件，电子档案在数据库中以一种抽象或虚拟的状态存在。通过科学和系统的整理方法，这些电子档案可以构成一个有序的虚拟文件系统，用户可以通过检索工具轻松地提取电子档案，并在计算机或手机等屏幕上直接查看。在这个视角下，数据库可以被视为一个“虚拟的文件库”——它是存储和检索电子文件的重要载体。需要注意的是，无论在何种情况或环境下，企业档案管理部门都需要对所有电子文件进行备份，以防止任何可能的数据丢失或损坏，并且应详细说明其运行的软硬件环境。另外，在某些特定的场景或要求下，如果必须以纸质文件的形式保留文件，企业档案管理部门可以通过打印设备将电子文件输出为纸质文档，以满足这种需求。

（二）企业电子档案的保管

电子档案的保管是企业电子档案管理的重要任务，它涉及电子档案的保存、保护、访问和审计等多个方面。为确保电子档案的可靠性和持久性，企业需要制定和实施适当的保管策略和程序。例如，根据档案的重要性和风险性，确定合适的档案保存期限和位置；根据档案的敏感性和威胁情境，实施适当的档案保护措施，如数据备份和恢复、数据加密和匿名化、硬件和软件的故障容忍等；根据用户的身份和权限，设置合理的档案访问和使用控制，如身份验证、权限管理、访问记录等；根据管理的需要和法律法规的要求，进行定期的档案审计和评估，以监控档案的状态和性能，改进档案的质量和效率。这样，企业电子档案才能在面对技术故障、人为错误、恶意攻击等威胁时，仍然能保持其完整性、真实性和可读性，支持企业的持续运营和发展。

三、企业电子档案的鉴定

（一）企业电子档案的归档鉴定

归档鉴定是对电子档案的原始性、准确性和完整性进行审查的过程。鉴定的目标是确认电子文件在生成和保存过程中的真实性与准确性，以及电子文件的完整性是否得到了充分维护。原始性鉴定主要是验证文件内容、结构和背景信息在传输、迁移等操作过程中是否保持不变，与形成时的原始状态是否一致。准确性鉴定主要关注文件内容的正确性，包括数据、信息、知识等是否无误。完整性鉴定则是检查电子文件内容是否全面，有没有遗漏或丢失的部分。归档鉴定过程通常涉及多种技术和方法，如数字签名、哈希函数、数据比较等，并且需要依据电子文件的类型、结构和元数据，以及相关的技术标准和法律法规要求来进行。

（二）企业电子档案的存毁鉴定

存毁鉴定是对电子文件的价值和保管期限进行评估的过程，其目的是确定电子文件的存储策略，也就是文件应当被保留多久以及何时可以被销毁。电子文件的价值是基于其对企业业务需求、法律法规遵从、知识发现等的重要性，而保管期限是指电子文件需要保留和可用的时间长度。存毁鉴定过程需要对电子文件的内容、用途、影响和风险进行深入评估和分析，并依据电子文件的属性、环境和影响，以及相关的业务要求和法律法规要求进行。通过存毁鉴定，企业能够制定出明确的电子档案保管策略，从而在满足法律法规要求和业务需求的同时，也能确保存储资源的有效利用。

1. 销毁

根据电子档案鉴定的结果，缺乏归档价值的企业电子文件以及过期且失去保存价值的企业电子档案都可进入销毁程序。然而，这一过程的执行必须依据国家有关档案鉴定销毁的法律法规，并在完成正式审批流程后进行。销毁前，企业档案管理部门必须建立完整的销毁清单，并委派特定人员负责监督销毁过程，以确保所有信息得到彻底销毁。企业电子文件的销毁方法应根据文件的保密级别来确定。对于一般性文件，在计算机内部执行销毁操作，以防止任何潜在的误操作，应首先创建备份文件，经过审查确认销毁操作正确无误后，再进行备份文件的删除，其中删除操作包括使用“删除”指令、进行磁盘格式化等手段。对于属于保密范围的电子文件，如果其信息存储在不可擦除的载体上，应采取物理或化学方法将其连同存储载体一并销毁，并在网络中完全清除。整个销毁过程应予以记录，并妥善保存相关记录材料。

2. 保存

企业电子档案的保存主要涉及存储介质的选择和管理，电子档案的备份，电子档案的迁移和更新，数据恢复等一系列工作，如图 5-4 所示。

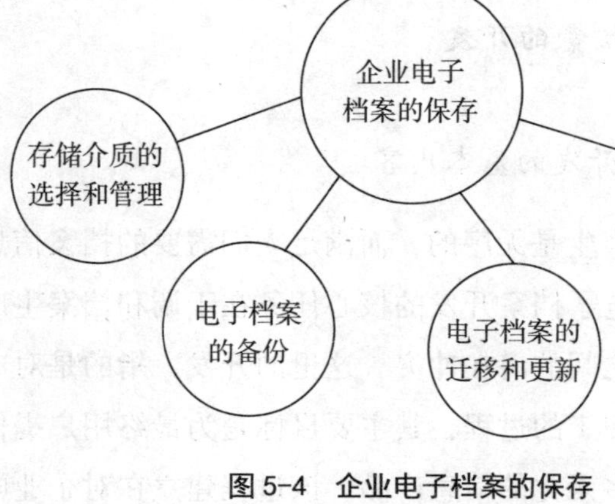

图 5-4　企业电子档案的保存

（1）存储介质的选择和管理。企业电子档案的保存首先要选择合适的存储介质，这需要企业档案管理部门考虑存储介质的容量、读写速度、寿命、价格等因素。同时，存储介质的管理也非常重要，企业档案管理部门需要定期进行物理和路径的检查，以及环境的监控，如温湿度、洁净度等。

（2）电子档案的备份。企业电子档案的保存必须进行备份，一方面可以防止数据丢失，另一方面也可以方便数据恢复。备份的频率和方式需要根据电子档案的重要性、变化频率等因素来确定。

（3）电子档案的迁移和更新。由于技术的快速发展，存储介质、文件格式、操作系统等可能会变得过时，因此企业电子档案的保存需要定期进行迁移和更新，以确保电子档案的可读性和可用性。在迁移和更新的过程中，企业档案管理部门要保证电子档案的完整性和真实性。

（4）数据恢复。尽管企业档案管理部门已经做了很多工作来保护电子档案，但还是可能会发生数据丢失的情况，比如存储介质损坏、人为操作错误等。此时，企业档案管理部门就需要通过备份来恢复数据。数据恢复的过程要尽可能快速、准确，以最小化数据丢失带来的影响。

四、企业电子档案的开发和利用

（一）企业电子档案的开发

1. 企业电子档案开发的基本内容

企业电子档案的产生是无序的，而满足人们需要的档案信息应当是有序的。因此，企业电子档案开发的核心任务在于调和档案生成的无序性与其使用的有序性之间的潜在冲突。这里的开发，指的是对电子档案信息进行有序组织和加工的过程，其主要目标是为最终用户提供更加合理的信息架构以及更多元化的信息产品。该过程建立在对企业电子档案深入研究的基础上，根据特定的需求将电子档案承载的相关信息进行集中处理，进而转化为各种形式的电子文件产品，从而有效地为企业或个人提供优化、系统化的电子档案服务。电子档案开发的基本内容包括分类、标引和编研三部分，如图 5–5 所示。

图 5–5　电子档案开发的基本内容

（1）分类。分类是档案信息组织的关键环节。企业电子档案的分类主要有两种：实体分类和信息分类。实体分类主要涉及对存储档案的离线介质进行分类。在介质数量较少的情况下，分类通常可以简单地基于介质材料的种类进行。当介质数量增加时，企业档案管理部门可以综合考虑档案的内容和时间属性来进行更多层次的分类。信息分类则涉及对电子文件信息进行逻辑化的归类，这种归类过程主要从电子档案生成的职能活动、时间、来源部门、文档类型、媒体类型、数据格式以及保管期限等角度进行，从而揭示电子档案间的多重关联。

（2）标引。企业电子档案的标引是对电子档案内容的描述，它的本质是对电子档案内容进行深入解析，并为其赋予相应的检索标签。标引的过程要求对电子档案的内容进行全方位的解读，提取出最具代表性的概念以充分反映档案主题，这是为内容检索奠定基础的重要步骤。

（3）编研。企业电子档案编研是指根据客观需要，对电子档案内容进行分析研究，按照一定的题目，将相关文件信息加工、编辑成各种形式的编研产品的业务工作。

2. 企业电子档案开发的类型

企业电子档案的开发，按照开发的目标或目的，可以大致划分为以下几种类型。

（1）以方便利用者查找为目的。该类型的企业电子档案开发目标在于通过系统设计和优化，例如检索引擎的优化、标签和元数据的精细化管理、用户界面的易用性改进等，提升用户查找相关电子档案的便利性，减少信息寻找的复杂度和时间消耗，从而提高企业电子档案的使用效率。

（2）以协助利用者利用电子档案为目的。此类企业电子档案开发旨在提供更多的功能和工具，以协助利用者更好地使用电子档案。例如，创建和提供数据可视化工具，以便用户能从复杂的数据中得出有价值的信息；开发专门的数据分析工具，以帮助用户进行深入的数据挖掘和分析。

（3）以参与利用者的信息研究为目的。这种类型的企业电子档案开发目的是与利用者共同参与电子档案信息研究，创造出更高层次的价值。此类开发与特定业务或研究项目紧密合作，具有很强的针对性，利用特定的电子档案资源，创建和提供定制化的解决方案，以满足用户特定的研究或业务需求。

3. 企业电子档案开发的组织形式

企业电子档案开发的组织形式是在纸质档案信息开发组织形式的基础上，结合企业实际情况发展而来的，主要分为自我开发、联合开发和委托开发三种形式。

（1）自我开发。这种开发模式通常适用于具有足够资源和能力的企业。在自我开发模式中，企业利用自身的人力、物力和技术力量，进行电子档案的整理、分类、检索等开发工作。这种模式的优点是企业可以根据自身的需求和目标，更加灵活和有效地进行电子档案的开发工作。同时，这也能最大限度地保护企业的信息安全，因为所有的操作和过程都在企业的内部控制之下。

（2）联合开发。这种开发模式适用于一些企业资源有限，但又需要开发电子档案的情况。联合开发是指几家企业或组织单位根据各自的需求和资源共同进行电子档案的开发工作，如企业与软件单位联合开发等。这种方式可以有效地整合和利用各方的资源与优势，共同完成开发任务。此外，联合开发还能够提高开发效率，降低开发成本，提高电子档案的利用价值。

（3）委托开发。对于那些资源有限，或者没有足够能力进行电子档案开发的企业，可以选择委托专业的电子档案开发机构进行开发工作。这种模式可以确保电子档案开发工作的专业性和效率，而企业则可以专注于自身的主要业务。然而，委托开发需要考虑到信息安全问题，以及合同中的责任和义务安排。

（二）企业电子档案的利用

1. 企业电子档案的利用原则

（1）审批原则。企业电子档案的利用应遵循审批原则，即在档案利用前应经过相应的审批程序，例如确定档案利用的合法性、合规性以及涉及的权限范围。通过审批原则，企业可以确保档案利用符合相关法律法规和政策，减少非法或未经授权的档案访问和使用。

（2）保密原则。企业电子档案的利用应遵循保密原则，即确保档案信息的机密性和保密性。涉及商业机密、个人隐私等敏感信息的档案应采取相应的保护措施，限制访问权限，防止信息泄露和滥用。保密原则旨在保护企业和个人的权益，维护信息的安全性和机密性。

（3）备份原则。企业电子档案的利用应遵循备份原则，即确保档案的备份和恢复能力。备份档案的制作和保存是防止数据丢失和损坏的关键步骤。通过定期备份档案数据，企业档案管理部门可以确保数据恢复能力，保证档案信息的可用性和完整性。

2. 企业电子档案利用中的保障措施

（1）使用权限的审核。企业电子档案的利用涉及档案载体的保管人员、数据系统的管理人员、利用者和维护操作人员等多个角色。由于各自的工作性质和责任不同，因此对其进行使用权限的审核是必要的。这一审核应由决策者负责执行。一方面，决策者需要根据人员的级别和层次来确定使用权限，并在系统中进行注册和登记。在实际的利用过程中，系统会自动判断当前使用者的身份合法性以及所能使用的功能范围，并对其使用各种功能操作的路径进行跟踪和记录。对于涉及未经授权的功能使用，系统应拒绝响应并给予警告提示。另一方面，在电子档案存储载体的使用上，决策者需要根据档案内容的密级层次和开放程度来确定使用的控制程度，并根据利用者的背景情况和利用目的，决定对其进行授权的范围和权限。这样可以确保利用者在使用电子档案时的合规性和安全性。

（2）拷贝的提供与回收。提供电子档案拷贝是一种常见的利用方式，然而，若管理不善，可能导致档案信息无原则地散失，并且利用时间和地点会分散。因此，企业档案管理部门需要采取有效的措施和方法，严格管理电子档案拷贝的制作和利用。在提供电子档案拷贝时，企业档案管理部门应根据利用者的需求并确认使用权限后进行制作。从原则上，应避免将载体上存储的电子档案信息全部拷贝，并且通过技术手段防止所提供拷贝的再复制。除经过编辑公开发行的电子出版物外，提供的拷贝也必须进行回收。为了实现有效的拷贝管理，企业档案管理部门应建立完善的拷贝手续。提供者和利用者双方应共同确认提供拷贝的内容，并在登记中记录使用载体的类型、数量、使用时间、最后回收期限以及双方的责任人等相关信息。对于回收的拷贝，企业档案管理部门应进行信息内容的消除处理，以确保档案信息的安全性。

（3）利用中的安全措施。企业电子档案在利用中的保密与安全是十分重要的，并且比纸质档案更加难以控制。因此，企业档案管理部门在提供电子档案利用服务时，要特别注意不能无原则地向所有使用者提供全部的利用方式，而是要视利用者的情况而定。另外，企业档案管理部门还需要依据电子档案内容的密级层次进行有效的管理。一般情况下，对于内容非完全开放的电子档案，不宜以拷贝的方式提供利用；而对于提供拷贝的电子档案，必须在有效监控的条件下进行。

第六章

信息化背景下企业档案创新服务基础

第一节　企业档案服务概述

一、企业档案服务的概念和意义

（一）企业档案服务的概念

企业档案服务是指在企业运营过程中，企业档案管理部门以加快档案信息的传播，提高档案的利用率，便于利用者获取档案信息为出发点，通过专业的档案管理手段和技术，收集、整理、存储、检索和提供企业历史信息，以满足企业或个人决策、运营等需求而进行的各项工作活动。

企业档案服务不仅能够满足企业的决策和运营需求，而且能适应个体利用者的信息获取需求。从微观角度看，企业档案服务有助于企业历史信息的有效管理，进而提升企业决策的准确性，促进企业的高效运作。同时，从宏观角度看，企业档案服务为利用者提供了一种获取和使用档案信息的有效途径，使档案信息能被广泛传播和有效利用，进而促进社会信息资源的共享和利用。因此，企业档案服务不仅是一种信息管理技术，而且是一种社会服务行为，其实质是通过科学和专业化的手段，将档案信息有效地转化为企业决策和社会发展的实用资源。

（二）企业档案服务的意义

1. 企业档案服务是企业档案管理的重要环节

企业档案服务在企业信息管理体系中占据核心地位。企业档案服务通过一系列专业化的方法和流程对企业生成的大量数据和信息进行收集、分类、存储、检索和分发，从而有效地管理和控制信息流。通过这种方式，企业档案服务提供了信息的透明度和可追溯性，这对于保证企业的运营效率和满足内外部监管要求至关重要。

2. 企业档案服务是企业管理活动的重要支撑

企业的各类活动产生的大量数据和信息需要得到有效的管理，以便为企业的运作提供必要的支持。通过档案服务，这些数据和信息能够满足企业的信息需求，提高企业的管理效率。企业档案汇聚了企业内外各方面的信息，这有利于企业进行信息综合分析，为企业决策提供深层次的信息服务，也有利于为企业日常的商务活动提供准确的数据。

3. 企业档案服务是企业知识管理的重要组成

企业档案服务是企业知识管理的重要组成部分，有助于企业的知识积累和创新。知识管理是20世纪末兴起于企业中的一种管理方式，简单来说，它是指对企业生产所需知识资源的管理。在企业中，知识资源既包括储藏在图书馆、数据库及人的头脑中可编码的显性知识，也包括储藏在个人头脑中不可编码的隐性知识。企业中的研究、开发、人事、培训、财务、营销等部门的管理活动都涉及知识资源的管理。但如果企业的生产活动高度依赖于知识资源，那么分散的管理活动就难以满足企业业务活动开展的需要。为此，企业通常会在最高管理层设立知识管理类岗位，负责统筹技术专利的获得、技术培训、客户信息的收集和传播、对蕴藏在组织文化中和掌握在关键技术人员头脑中的隐性知识进行整理和传播等，使分散的知识管理活动专业化、系统化，并促进知识的交流与转化，使各部门拥有的知识能为整个企业所共享。

从广泛的意义上看，企业档案不仅记录了企业的历史，而且存储了企业的知识资产，如技术知识、管理经验、市场策略等。通过档案服务，这些知识资源可以被有效地保存、传承和再利用，为企业的持续发展和创新提供知识支持。

二、企业档案服务的特征与原则

（一）企业档案服务的特征

1. 综合系统性

综合系统性是企业档案服务的一项显著特征。相较于传统的一对一查找方法，企业档案服务涉及更广泛的信息覆盖范围和更大的查询信息量。在日常工作中，用户的档案利用需求通常分布在各个方面，这就要求档案服务能够满足各类不同的需求。这种需求的分散性体现在，用户可能针对工作中的某一环节或者某一个问题，需要查阅与此相关的所有档案。这就要求企业档案服务能够系统地处理和提供大量的、跨领域的信息。由于查询的信息量较大，企业档案服务还需要注意服务的质量和效率，能够准确、快速地提供相关信息。企业档案服务人员则需要具备高效的信息处理能力，遵循系统性的服务流程。

2. 内容多样性

内容多样性是企业档案服务的另一重要特征。在传统意义上，档案的价值主要体现在其保存和凭证的作用，但在现代企业环境中，企业档案更多地体现了其实际的利用价值和情报价值。这是因为，企业档案服务涵盖的内容远远超过了单纯的企业历史记录，它们来源于企业实际工作的各个环节，深度融入了企业的运营、管理和决策活动。

具体来说，企业档案服务包括财务档案、人事档案、工程档案、荣誉档案等各种不同类型的档案，这些档案所涵盖的内容包罗万象，涉及企业的经营状况、人力资源配置、工程项目执行、企业荣誉等各个方面。这些档案的多样性为企业提供了丰富的信息资源，使企业能够从多个角度和层面理解和把握自身的实际状况，从而更好地进行决策和管理。

因此，企业档案服务不仅可以提供企业需要的各类信息，而且可以帮助企业从多个角度理解和把握自身状况。对于企业的决策和运营具有重要意义，这也正是企业档案服务在现代企业环境中具有越来越重要地位的原因之一。

3. 高效及时性

高效及时性作为企业档案服务的又一显著特征，其重要性在于满足企业在经营过程中对信息获取速度和准确性的高要求。随着企业管理水平的不断提升，企业在日常运营和决策中对信息的需求更加迫切和频繁，因此，档案服务必须具备高效及时的特性才能满足企业的实际需求。

高效及时性体现在企业档案服务的每一个环节。首先，档案的收集和整理环节需要及时、准确地处理企业的各类信息，确保这些信息能够被完整地收录，并且能够准确地反映企业的实际情况。其次，档案的检索和利用环节需要高效和便捷。这不仅要求档案服务提供方提供便捷的检索工具和操作界面，而且要求档案服务在处理用户请求时能够迅速地提供查询结果，使企业能够在最短的时间内获取所需信息。因此，高效及时性不仅是企业档案服务的必要条件，而且是其提供高质量服务的重要保证。在当今这个信息爆炸的时代，高效及时的企业档案服务能够在企业中发挥更大的作用，为企业的发展提供有力的支持。

（二）企业档案服务的原则

1. 高效服务原则

企业档案服务的首要原则便是提供高效服务。在企业运营过程中，企业对信息的需求总是迫切的。无论是日常管理还是战略决策，企业都需要依赖准确、及时的信息。因此，企业档案服务必须能够在最短的时间内响应用户的需求，准确地提供相关的档案信息。这就要求企业档案服务具有高效的信息处理能力，包括快速的信息收集、整理、存储、检索等功能。

2. 优质服务原则

企业档案服务的另一原则是提供优质服务。优质服务不仅体现在服务的效率上，而且体现在服务的质量上。这一原则就要求企业档案管理部门在提供档案信息服务的同时，也要确保档案信息的准确性和完整性。另外，优质服务还体现在用户体验上，包括易用的操作界面、贴心的用户服务、灵活的服务方式等。这就要求企业档案服务始终以用户为中心，从用户的实际需求出发，提供满足用户需求的服务。

3. 安全服务原则

在信息时代，数据安全和隐私保护成为人们关注的焦点。因此，企业档案管理部门在提供服务的同时，也要保证档案信息的安全，防止档案信息的泄露、丢失或损坏。这就要求企业档案管理部门必须有严格的数据安全管理制度和技术保障措施，包括数据加密、数据备份、权限管理、安全审计等。只有这样，企业档案管理部门才能赢得用户的信任，得到用户的支持。

三、信息化时代对企业档案服务的新要求

（一）个性化

企业档案服务个性化主要是指在研究用户特点、工作流程、所处环境、发展态势等内容的基础上，为不同用户提供具有差别性的服务，从而使服务更加具有针对性，最大限度地提高服务产生的效益。个性化服

务要求企业档案管理部门根据不同客户需求，制订不同的服务方案，选择灵活的工作方式，为用户提供量身定制的服务。

企业档案服务需要具备高度的个性化特征，以满足多样化、个性化的用户需求。这是因为，随着企业经营活动的复杂度增加和知识经济的发展，用户对档案信息的需求可能存在显著差异。为了更好地满足用户的需求，企业档案服务需要提供个性化的服务，如定制化的检索、特定领域的深度分析、特定问题的专业解答等。个性化的企业档案服务应基于用户的行为和喜好进行个性化推荐和定制，使用户能够更快、更准确地获取他们需要的信息，提高档案利用效率，同时也提升用户的满意度和忠诚度。为实现这一目标，企业档案管理部门需要深入了解用户需求，借助先进的信息技术（如人工智能、机器学习等）进行用户行为分析和预测，以提供更为贴切的服务。

（二）优质化

在信息化时代背景下，企业档案服务的优质化是至关重要的——信息质量的高低直接决定了企业档案服务质量的优劣。优质化的含义在于，档案服务不仅要快速、准确，而且要系统、全面。换句话说，企业档案服务需要提供的不仅是数据，还是洞察力。它需要帮助用户理解数据背后的意义，以支持决策和策略制定。企业档案管理部门需要借助大数据分析、文本挖掘等先进技术，对大量繁杂的档案数据进行深度挖掘和分析，揭示其内在联系和规律，以提供更具价值的信息。

（三）社会化

在信息化背景下，企业档案服务的功能已经从传统的内部管理扩展到社会服务。这意味着企业档案服务需要与社会各界，尤其是利益相关者建立紧密的联系，通过提供公开透明的档案信息服务，满足社会公众对企业信息的需求，同时也可以借此提升企业的社会形象和信誉。这就要求企业档案服务在满足企业内部需求的同时，也要考虑到社会需求，通过信息共享、合作交流等方式，实现企业档案服务的社会化，扩大其服务的范围和影响力。

第二节　信息化背景下企业档案服务工作

一、信息化背景下企业档案服务的特点

（一）由被动转为主动

传统的企业档案服务往往是被动的，即当用户在寻求企业档案服务时，服务人员才开始提供服务。在信息化时代背景下，由于信息的收集、处理、传播等手段的改进，企业档案服务需要更好地预测和识别用户的需求，从而提前做好服务准备，主动地为用户提供服务。例如，企业可以根据用户的浏览历史、搜索记录等信息，推断用户可能感兴趣的档案信息，并主动提供这些信息（在安全前提下）。这种转变不仅有助于提高企业档案服务的效率，还有助于提高用户的满意度和企业的竞争力。

（二）由单向转为多向

在信息化背景下，信息的传播不再是单向的，而是多向的。这就要求企业档案服务也要进行相应的调整，提供多元化、互动性强的服务方式。例如，通过网络平台，企业可以同时向多个用户提供服务，用户也可以通过多种方式反馈信息，形成多向的信息交流。在过去的企业档案服务中，信息的传播通常是单向的，即由服务提供方向用户提供档案信息。在信息化的环境下，信息的多向传播方式，意味着企业档案管理部

门不仅要向用户提供信息，还要从用户那里获取信息。这种获取信息的方式可以是直接的，例如用户的反馈和建议，也可以是间接的，例如通过分析推测用户的偏好。这种多向的信息传播有助于企业更好地理解用户的需求，从而提供更优质的服务。

企业档案服务的多向性还体现在用户交互上。在信息化的环境下，企业档案服务不再仅仅是服务提供方和用户之间的交互，用户与用户之间的交互也成为可能。例如，用户可以在企业档案服务的平台上分享他们对档案信息的理解和使用经验，这不仅可以帮助其他用户更好地利用档案信息，还可以为企业提供宝贵的用户反馈。

企业档案服务的多向性还体现在服务方式上。在信息化的环境下，企业档案管理部门可以通过多种方式提供服务，例如在线服务、移动服务等。这种多元化的服务方式不仅可以满足不同用户的需求，而且可以提高服务的覆盖范围和效率。

（三）由滞后转为即时

在信息化时代，用户对服务的时效性有了更高的要求。这就要求企业档案服务能够及时响应用户的需求，提供即时的服务。例如，通过使用先进的信息技术，企业可以实时更新档案信息，实现档案的实时存储和检索，为用户提供即时的档案信息服务。在传统的企业档案服务模式中，服务的响应通常会有一定的延迟。例如，用户请求检索某个档案，可能需要等待一段时间才能获取结果。然而，在信息化的环境下，由于信息技术的应用，企业档案管理部门可以实现实时响应，用户的查询、请求等操作能够得到立即反馈和处理，极大地提高了服务的效率。

二、信息化背景下企业档案服务的方式

（一）直接利用服务

直接利用服务是指用户到企业档案部门，通过信息系统直接查询和获取电子档案。这种方式强调的是实时性和便捷性，它要求档案管理部门建立健全的档案数据库，并配备安装了先进的硬件设备及实用的软件系统的电子阅览室，以便于用户能够方便、高效地利用电子档案。例如，使用数据库和搜索引擎，用户可以快速找到所需的档案，而不再需要手动翻阅大量的文件。

在直接利用服务中，控制利用者的权限至关重要。事实上，无论采取何种方式，都需要系统对利用者行为进行全程的跟踪监控，并自动记录相关操作。这不仅可以确保档案信息的安全，而且可以为后续的档案利用工作进行查证和评估提供依据。直接利用服务在提高用户利用效率的同时，也可以通过系统的跟踪监控和记录，为档案管理部门提供关于用户利用行为的数据，这些数据在进一步优化档案服务方面具有重要的参考价值。

（二）提供拷贝服务

提供拷贝服务是指为用户提供电子档案的复制品。这一服务方式可以保护原始档案的安全，同时满足用户多样化的使用需求。在信息化的环境下，可以通过数字化技术快速、准确地完成档案的复制，大大提高了服务的效率。

这种服务方式为利用者提供特定载体上的电子档案副本，所选择的载体会根据不同的利用对象进行调整。例如，对于使用大型电子计算机设备的用户，通常提供磁带拷贝；对于一般的微型电子计算机的用户，如果档案数据量相对较少，可以选择软盘进行提供；对于大量的电子档

案，可以考虑使用只读式光盘进行提供。在提供拷贝服务时，为了方便利用者查阅和使用，应当将电子档案转化为通用的、标准的存储格式。这是因为，不同的硬件设备和软件系统可能对数据格式有不同的要求，将档案转化为通用的、标准的格式，可以确保在不同环境下的兼容性，提高档案的可利用性。此外，由于拷贝服务涉及数据的复制和转移，因此也需要注意数据安全和保护的问题。例如，需要对拷贝的内容进行加密，以防止数据泄露，同时也需要对拷贝操作进行记录和跟踪，以便于后续的管理和查证。

（三）通信传输服务

通信传输服务是通过通信工具和网络技术实现远程传输档案信息，以满足远程用户需求的一种企业档案服务方式。这种服务方式具有高效、灵活和便捷的特点。在通信传输服务中，用户无须亲自到档案管理部门，而是通过通信工具（如电子邮件、文件传输协议等），或云服务平台，向档案管理部门提出档案需求。档案管理部门根据用户的需求将相应的电子档案通过网络传输给用户。这种方式消除了时空的限制，使用户不再受地理位置的限制，可以方便地获取所需的档案信息。

通信传输服务方式要求企业档案管理部门采取相应的安全措施，如数据加密、访问权限控制等，防止档案信息在传输过程中被非授权者获取或篡改。此外，为了确保信息的完整性和准确性，传输过程中可能会采用数据校验和验证机制，以确保所传输的档案与源档案完全一致。

（四）网络服务

网络服务是一种在信息化背景下的企业档案服务方式——企业通过搭建档案服务网站或平台，为用户提供在线查询、浏览、下载等服务。这种服务方式依赖于网络技术，能够使用户便捷地获取和利用企业档案信息。

在网络服务中，企业管理档案部门可以建立自己的网站或利用已有的在线平台，通过上传和管理档案信息，为用户提供在线访问和利用服务。用户可以通过网络浏览器或特定的客户端应用程序，连接到档案服务平台，使用搜索功能、浏览目录、下载文件等来获取所需的档案信息。

网络服务的优势在于它能够提供全天候、全球范围的档案访问。用户不再受限于地理位置和时间，可以随时随地通过网络连接访问企业档案服务。这种便捷性和灵活性使用户能够根据自己的需求，自主地获取所需的档案信息。用户可以与档案服务平台、其他用户进行交互，如提供反馈、提交请求、分享经验和观点等，从而形成用户与档案管理部门之间、用户与用户之间的互动和知识共享。这种互动能够促进用户之间的合作和协作，共同提升档案服务的质量和效果。

第三节　信息化背景下企业档案创新服务策略

一、建立全新的档案服务模式

在信息化背景下，企业档案管理部门可以通过创新服务模式，如开展定制化服务、个性化推荐和自助服务等，来满足用户的多样化需求，提高档案管理效率和信息利用价值，提升用户体验和满意度。建立全新的档案服务模式将带来更高效、便捷和个性化的档案服务，提升企业档案服务的竞争力。

（一）定制化服务

定制化服务是一种针对用户需求的个性化服务方式，旨在满足用户对档案信息的特定要求。与传统的统一化服务相比，它更加注重用户的个性化需求的满足。传统的企业档案服务往往是面向广泛用户群体提供统一的服务，而定制化服务则更加注重个性化和定制化。也就是说，企业可以根据用户的特定需求和背景提供个性化的档案服务。例如，根据用户的行业、职业或研究领域，为其提供针对性的档案检索、分析和解读服务，满足用户个性化的信息需求。

定制化服务注重提供多样化的选择和灵活的服务模式。用户可以根据自己的需求选择不同的档案服务内容、深度和形式。企业可以提供多种档案检索和呈现方式，如关键词搜索、专题分类、图表展示等，以满足不同用户的信息获取偏好和习惯。通过深入了解用户需求，并根据其需求提供精准和个性化的服务，企业档案管理部门可以与用户建立更紧密的关系，增加用户忠诚度，促进口碑传播。

（二）个性化推荐

利用人工智能和数据分析技术，企业可以提供个性化的档案推荐服务。通过收集和分析用户的历史数据、行为模式、兴趣偏好等信息，企业可以建立用户的个性化档案。这些个性化档案包括用户的喜好、兴趣领域、浏览历史、搜索记录等。基于用户建模，企业可以更好地理解用户的需求和偏好，为其提供符合其个性化需求的档案推荐。在信息化背景下，个性化推荐的企业档案服务模式流程，一般如图 6–1 所示。

在整个流程中，企业需要借助机器学习、推荐算法和数据挖掘等技术，从海量的档案数据中提取用户的兴趣特征和相似度匹配，以便为用户推荐更相关、个性化的档案信息。数据分析与挖掘技术能够发现隐藏在数据背后的模式和规律，为个性化推荐提供数据支持。

个性化推荐注重用户参与和反馈，因此，企业需要通过用户的行为反馈和评价，不断优化个性化推荐算法和模型，以提供更符合用户需求的推荐结果。同时，用户也可以参与到推荐过程中，通过设置个性化偏好和兴趣标签，进一步优化个性化推荐的准确性和效果。

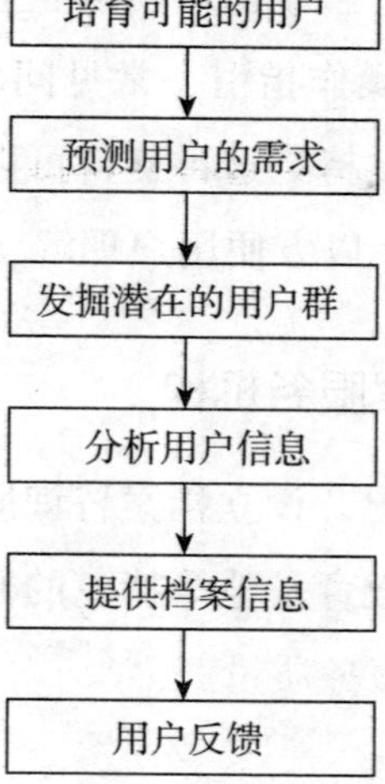

图 6-1　个性化推荐的企业档案服务模式流程

（三）自助服务

自助服务可以使用户方便地获取档案信息。企业通过引入自助服务，如智能终端、移动应用和在线平台等，能够为用户提供更灵活、便捷和自主的档案服务体验。自助服务赋予了用户更多的自主权和选择权，用户可以根据自己的需求和时间安排进行档案查询和浏览。通过智能终端或移动应用等自助服务，用户可以方便地进行自助操作，提高了服务的便捷性和效率。

自助服务不仅限于档案查询，还可以提供多样化的服务功能。用户可以通过自助设备自主进行档案下载、打印、复制等操作，或者通过在线平台进行档案分享和交流。自助服务的功能多样性满足了用户不同的需求和使用场景，提供了更加灵活和全面的档案服务。自助服务还可以根据用户的个人偏好和习惯，提供个性化的用户体验。通过使用个人识别技术，自助设备可以根据用户的历史记录和偏好，自动推荐相关的档案信息，提供个性化的服务内容和展示方式。这种个性化的用户体验能够增强用户对档案服务的满意度和使用效果。

尽管自助服务强调用户自主操作，但企业仍需要提供必要的帮助和支持。企业可以通过提供操作指引、常见问题解答和在线客服等方式，为用户提供必要的帮助和支持。这种支持可以通过文字、图像、音频和视频等多种形式进行呈现，以方便用户理解。

二、设立特色的档案服务机构

企业可以根据自身情况，设立档案咨询服务部、文件阅览中心、多媒体档案服务网站、企业教育基地等特色的档案服务机构，来提高企业档案信息资源的利用率和服务质量。

（一）档案咨询服务部

档案咨询服务部致力于为用户提供档案相关的咨询和解答服务。该部门的专业人员需要具备丰富的档案知识和经验，能够提供针对用户需求的专业咨询和建议，帮助用户理解档案服务的流程和方法，解答用户的疑问，并提供定制化的档案服务方案。服务方案可能涉及档案分类和整理、数字化档案的存储和检索、档案保护和安全措施等。通过深入了解用户的需求和提供针对性的解决方案，档案咨询服务部可以帮助用户更好地管理和利用档案资源。

档案咨询服务部承担着档案政策和标准的解读与传达的任务，需要跟踪和研究档案相关的法律法规、政策和标准，将这些信息转化为用户可理解与可操作的指南和建议，帮助用户了解档案管理的最新要求和趋势，并在实践中遵循正确的档案管理原则。

（二）文件阅览中心

文件阅览中心是为用户提供便捷的文件查阅和阅读服务的机构。该中心的建设要求具体包含以下几点：第一，文件阅览中心需要提供高质量的文件阅读体验，提供专门的阅览区域和设备，如专用桌椅、灯光调节、环境控制等，以确保用户在舒适的环境下进行文件阅读。文件阅览中心还需要配备专业的文件保护设施，如温湿度控制、防尘防火等，以保护档案文件的安全性和完整性。第二，文件阅览中心应该提供多样化的文件阅读服务，收集和整理丰富的档案资源，并进行分类整理，使用户能够轻松地找到所需的文件资料。文件阅览中心还需要提供电子检索系统或专门的目录工具，以帮助用户进行快速、准确的文件定位。第三，文件阅览中心应提供专业人员的协助和指导。中心的工作人员通常具备档案管理和相关领域的专业知识，能够向用户提供咨询服务，并协助用户解决在文件阅读过程中遇到的困难。通过接受专业人员的协助和指导，用户可以更好地利用和理解档案文件，提升文件阅读的效果和质量。

文件阅览中心的设立有助于提供高效和高质量的文件阅读体验。它为用户提供了一个专门的场所，使用户能够专注地进行文件阅读和研究。用户可以在中心内借助其提供的设备和资源，深入研究特定的档案文献、专题资料，从而更全面、准确地获取所需的信息。

（三）多媒体档案服务网站

多媒体档案服务网站是一种基于互联网技术的档案服务平台。该网站可以提供丰富的档案资源和服务，包括数字化的档案文献、档案数据库、在线档案检索和呈现工具等。用户可以通过网站进行自主的档案查询、浏览和下载，同时还可以参与在线讨论和交流。企业设立多媒体档案服务网站的目的在于提供更全面、便捷和个性化的档案服务。通过数字化和网络化的方式，企业能够更好地满足用户的需求，提供高质量的档案资源和服务。同时，多媒体档案服务网站也有助于促进知识的传播和共享，提高档案管理的效率和水平，推动企业在信息化时代的创新与发展。

（四）企业教育基地

企业教育基地是为企业内部员工提供档案知识培训和教育的机构。该基地可以提供针对企业内部人员的专业培训课程，涵盖档案管理理论、实践技巧和最新的档案服务趋势等方面的内容。通过企业教育基地的培训，企业员工能够提高档案管理能力，更好地利用和管理企业档案资源。

企业教育基地承担着为企业员工提供档案管理方面培训和教育的重要任务。企业教育基地通常有专业的培训师和讲师，他们具备深厚的档案管理知识和丰富的教学经验，能根据企业的需求和员工的特定岗位要求设计和实施相应的档案管理培训课程。企业教育基地的培训课程一般涵盖档案管理的各个方面，包括档案管理原则、流程和方法，数字化档案管理，电子文档管理，档案保护与安全等。培训课程旨在提高员工对档案管理的认知和操作技能，培养他们在实践中正确管理和利用档案资源的能力。企业教育基地的培训方式多样，包括面对面授课、远程培训、在线学习等。企业教育基地一般会配备先进的培训设施，如教室设备、多媒体投影、在线学习平台等，以提供高质量的培训体验。培训形式的灵活性和多样性有助于满足企业员工的学习需求和时间安排。

企业教育基地的建立对于企业具有重要的意义。它能够为企业员工提供系统和专业的档案管理培训，提升他们的档案管理能力和素质。通过培训，企业员工将更加熟悉和理解档案管理，掌握先进的档案管理工具和技术。这有助于提高企业档案管理的质量和效率，减少档案管理方面的错误和风险。此外，企业教育基地还有助于建立一个档案管理的学习和交流平台。基地可以组织档案管理研讨会、讲座和学术交流活动，促进员工之间的经验分享和学术合作。这种学习和交流的氛围有助于培养企业员工的专业素养和团队合作精神，促进企业档案管理的创新和发展。

三、拓展丰富的档案服务领域

（一）扩大服务内容

企业档案管理部门的服务内容应不仅限于传统的档案收集、整理和存储，还应将服务工作的重点转到档案信息研究和深层次的开发上来，根据社会需要，进一步拓展企业档案服务内容，凸显企业档案的价值。例如，将企业档案与相关信息资源进行整合，为用户提供更丰富的信息服务；开展档案数字化和电子档案管理，提供在线访问和利用档案服务；将档案与知识管理、数据分析等领域相结合，为企业的决策和创新提供支持等。通过扩大服务内容，企业档案管理部门能够更好地满足用户的需求，提供更多样化、高价值的服务。

（二）改善服务方式

企业档案管理部门应不断改善服务方式，提升用户的体验和满意度，包括优化档案查询和检索系统，提供更智能化、个性化的检索功能，开展在线咨询和远程服务，提供及时、便捷的档案咨询服务，提供培训和教育活动，提升用户对档案管理的认知和能力等。通过改善服务方式，企业档案服务能够更好地适应用户的需求和习惯，提供更高效、便捷的服务体验。

（三）创新服务领域

企业档案管理部门要在继续做好传统档案资料服务的同时，积极创新服务领域，不断拓展和探索新的服务模式和应用场景。例如，探索将档案服务与人工智能、大数据分析等技术结合，提供智能化的档案管理和利用服务；探索将档案服务与社交媒体、移动应用等结合，提供个性化、社交化的档案服务；探索将档案服务与虚拟现实、增强现实等技术结合，创造沉浸式的档案浏览体验。通过在服务领域进行创新，企业档案服务能够不断提升服务的价值和影响力。

第七章

信息化背景下企业档案创新服务路径

第一节　信息化背景下企业档案创新服务之集成服务

一、信息集成服务概述

集成服务，简单来说，是指将多个不同的服务或功能整合为一个整体，以提供综合性的解决方案。它涵盖了多个层面和领域，包括软件开发、系统集成、数据管理、网络通信、安全性等。集成服务旨在通过整合不同的服务和功能，提供更高效、便捷和一体化的解决方案，以满足客户的多样化需求。在信息化背景下，信息集成服务是指通过信息资源的不同形式的组合，而提供的面向用户的信息内容整合和服务功能融合服务。[①] 在企业中，集成服务的需求会推动信息资源整合的发展，促使管理者从宏观到微观的角度对信息资源进行整体架构，以使资源组织与集成化的服务相适应。

集成服务的优势在于提供一体化的解决方案，减少复杂的集成过程和管理成本，提高效率和灵活性。它可以帮助企业降低技术复杂性，提升业务的整体性能和竞争力。同时，集成服务也可以提供定制化的解决方案，根据客户的具体需求进行个性化的定制。

（一）信息集成服务的组织形式

一般来看，信息集成服务的组织形式包括资源层面的资源整合形式、技术层面的系统集成形式和组织机构层面的机构合作形式。在实践

① 胡昌平，胡潜，邓胜利．信息服务与用户 [M].4 版．武汉：武汉大学出版社，2015：376.

中，信息集成服务提供者往往并不只是采取某一种形式，而是采取以用户为中心、多种形式交叉的策略。

1. 资源整合形式

资源整合形式的信息集成服务，是一种面向信息资源的，以信息资源的发现、采集、加工与集成作为服务工作中心的信息集成服务类型。资源整合形式的信息集成服务过程如图 7-1 所示。

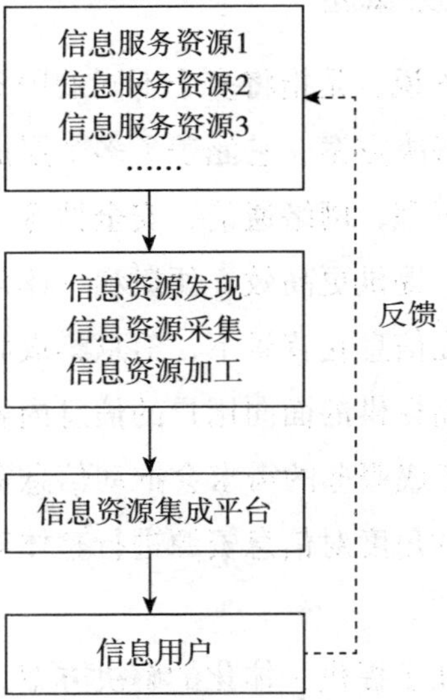

图 7-1　资源整合形式的信息集成服务过程

信息资源整合应在共享基础上实现资源共同开发、共同维护和共同利用，在这一过程中，为信息资源集成平台提供源数据的单位或部门实际上也是一种用户，它们一方面面向信息资源集成平台提供信息资源，另一方面又从中获取服务。在这种模式下，一切工作都是围绕共享的信息资源集成平台进行的，能够有效地避免部门或单位之间形成相对混乱的信息流。可以说，资源整合形式的信息集成服务，可以提高信息资源的可发现性、可获取性和可利用性，满足用户的信息需求，并促进知识的创新和应用。

2. 系统集成形式

系统集成形式是指将不同的信息技术进行集成，以实现数据和功能的交互和共享。系统集成形式包括软件系统集成、硬件系统集成和网络系统集成等。例如，企业可以通过系统集成来实现不同业务系统之间的数据流通和业务流程的协同。系统集成的目标是提供统一的信息平台，减少重复工作和信息孤岛，提高业务的协同性和效率。系统集成形式的信息集成服务过程如图 7–2 所示。

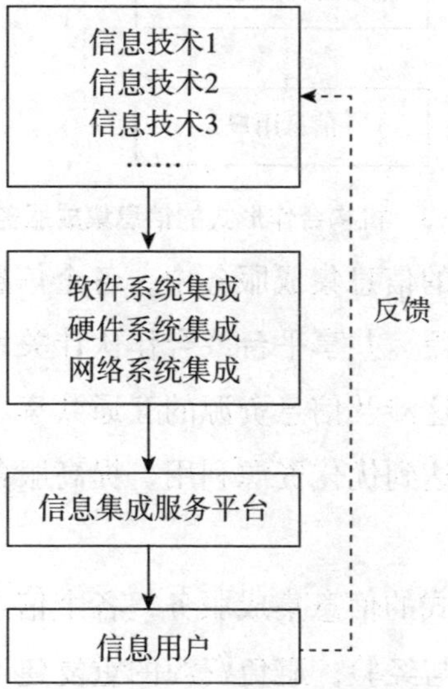

图 7–2　系统集成形式的信息集成服务过程

3. 机构合作形式

机构合作形式的信息集成服务，是建立在信息服务机构之间多种合作形式的基础上，旨在通过合作来实现信息资源集成与共享、服务技术集成与共享以及服务人员集成与共享，以提升各个信息服务机构的综合服务能力的一种信息集成服务类型。机构合作形式的信息集成服务过程如图 7–3 所示。

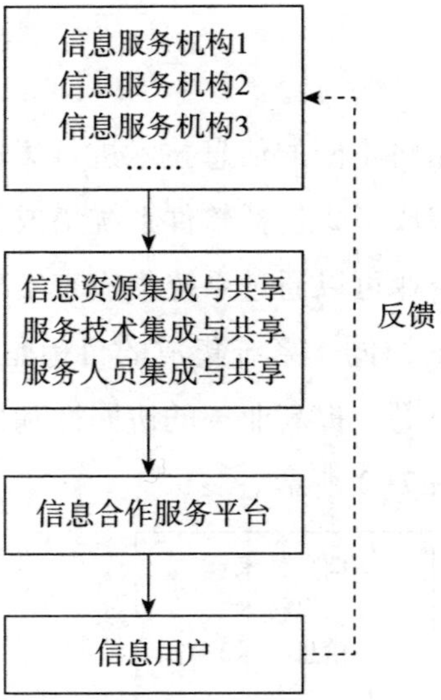

图 7-3　机构合作形式的信息集成服务过程

在机构合作形式的信息集成服务中，各个信息服务机构之间通过不同的合作形式，如联盟、共享平台或合作伙伴关系，共同开展信息资源的整合与共享工作。这涉及信息资源的互通共享、技术的相互借鉴和人员的资源共享，从而达到优化资源利用、提高服务质量和扩大服务范围的目的。

通过机构合作形式的信息集成服务，各个信息服务机构可以共同协作，共享彼此的资源与经验，避免资源的重复建设与浪费，提高整体的服务能力和效率。这种服务形式有助于促进信息服务机构之间的合作与交流，实现资源的共享与协同发展，为用户提供更加综合、全面的信息服务。

（二）信息集成服务的内容组织

1. 集成化信息动态发布

信息集成服务提供集成化信息动态发布的功能，主要涉及将不同来源的信息整合为统一的发布格式，以便用户能够方便地获取和浏览信息。在企业中，通过集成化的信息发布，用户可以获取最新的新闻、公告、报告等信息，了解企业动态和行业趋势，支持决策和业务发展。

2. 集成化信息检索

信息集成服务还提供集成化信息检索的功能，使用户能够在一个统一的平台上进行全面的信息检索。通过整合多个信息源和数据库，用户可以进行关键词搜索、多条件筛选等操作，快速、准确地获取所需的信息。这种集成化的检索功能能够节省用户的时间和精力，提高信息的检索效率和准确性。

3. 集成化信息推送

信息集成服务通过分析用户的偏好和需求，提供个性化的信息推送服务。根据用户的订阅和关注，系统可以自动筛选和推送符合用户兴趣的信息。这种集成化的信息推送功能可以提供定制化的服务，节省用户的浏览时间，同时提供有针对性的信息支持。

（三）信息集成服务的实现途径

1. 数据整合和集成

数据整合和集成是指通过对不同数据源的整合和集成，将分散的数据汇总到一个统一的平台或数据库中。这可以通过数据集成工具来实现。数据整合和集成可以使不同数据源之间的数据相互关联和交互，提供更全面、一致和准确的信息。

2. 系统集成

系统集成是指通过将不同的信息系统进行集成，实现数据和功能的交互和共享。这可以通过应用程序接口、数据接口、中间件和集成平台等技术来实现。系统集成可以消除信息孤岛，使不同系统之间的数据流通和业务流程协同，提高工作效率和决策支持能力。

3. 服务导向架构

服务导向架构是指采用面向服务的架构，通过服务的组合和调用实现信息集成服务。在服务导向架构中，会将不同的功能和服务封装为独立的服务，并通过服务接口进行交互和调用。服务导向架构可以实现模块化和可重用的服务，使不同系统和应用能够相互连接和共享。

4. 数据交换和共享标准

数据交换和共享标准是指采用通用的数据交换和共享标准，如XML、数据仓库和数据湖等技术，来实现信息的集成服务。这些标准提供了一致的数据格式和协议，使不同系统和应用之间能够进行数据交换和共享，实现信息的互通和整合。

二、信息化背景下企业档案集成服务的必要性

（一）信息资源整合

企业在日常运营中会产生大量的信息数据，包括财务数据、销售数据、人力资源数据等。这些数据分散在不同的系统和部门中，如果不进行集成，将导致数据碎片化。通过集成不同系统和数据源，企业可以实现信息资源的整合，为用户提供全面、准确的信息支持。

通过整合不同的信息源和数据，企业可以建立一个集成化的信息库或平台，使用户能够方便地获取和浏览信息。用户不再需要在多个系统中进行独立的查询和检索，而是通过一个统一的接口或平台，实现全面、一站式的信息访问。这样可以节省用户的时间和精力，提高信息的

检索效率和准确性。

从某种意义上看，信息资源整合可以促进信息的共享与协同。通过整合不同部门和系统中的信息，可以消除信息壁垒，促进信息的共享与流通。不同部门之间可以共享和协同利用信息资源，避免重复收集和处理信息，提高工作效率和决策质量。同时，通过共享信息，可以促进部门之间的协作，实现信息的互通和协同发展。

（二）决策支持

企业的决策需要基于全面、准确的信息基础。如果企业的档案信息无法集成，那么决策者将面临信息获取的困难，难以作出正确的决策。通过集成档案信息，企业可以提供一体化的决策支持平台，将各个部门和业务领域的信息整合在一起，为决策者提供全面、及时的信息，从而促进正确的决策制定。

集成服务通过提供必要的分析工具和方法，可以帮助决策者对档案信息进行深入分析和理解。在信息集成服务中，服务提供者可以应用数据挖掘、统计分析、预测建模等技术，对档案数据进行处理和分析，发现潜在的规律和趋势。这些分析结果可以为决策者提供关键的见解和指导，帮助他们理解市场趋势、评估业务绩效、预测未来发展等，从而作出有根据的决策。

（三）业务流程协同

企业的不同部门之间和业务流程之间存在紧密的关联和协同。如果档案信息无法集成，不同部门之间的信息交流和协同将受到限制，可能导致信息延迟、重复劳动和资源浪费。通过集成档案信息，企业可以实现业务流程的协同，促进信息的共享和协作，提高工作效率和资源利用率。

在企业的日常运营中，不同部门之间和业务流程之间存在着协作和依赖关系。如果档案信息无法集成和共享，部门之间的协作将受到限制，业务流程可能不流畅，导致信息延迟和资源浪费。通过档案集成服务，可以实现业务流程的协同，部门之间可以共享档案信息、协作处理任务，从而提高工作效率和响应速度，更好地满足客户需求。另外，通过对档案信息的整合和分析，企业还可以识别出业务流程中的瓶颈和改进空间，找到优化和创新的机会。企业可以通过推动流程的改进和创新，提高工作效率，降低成本，增强企业的竞争力和创新能力。

（四）客户服务提升

企业需要提供优质的客户服务，满足客户的需求和期望。企业通过档案集成服务，可以为客户提供更优质、个性化和全面的服务，以满足客户的需求。通过档案集成服务，企业可以更全面地了解客户的需求和偏好，从而针对性地提供个性化的服务。例如，通过对客户的历史交易记录和偏好进行分析，企业可以提供定制化的产品推荐和优惠活动，以满足客户的个性化需求。同时，档案集成服务还可以提供快速、准确的客户信息查询和解决方案，提高客户问题处理的效率和满意度。

三、信息化背景下企业档案集成服务的策略

（一）完善企业档案集成服务机制

1. 建立完善的档案集成服务管理体系

在信息化背景下，企业应从组织结构、管理制度、人员配备、技术手段等方面构建完善的档案集成服务管理体系。

建立合理的组织结构和明确的职责分工是管理体系的基础。高层管理者应对档案管理工作给予充分的重视，明确档案管理部门在企业组织架构中的位置和角色，并合理设立和配置档案管理部门，配备专门负责

档案工作的人员。根据企业的业务需求和实际情况，企业可以考虑设立各种专门的工作组，如电子档案管理工作组、档案数字化工作组等，以增强档案集成服务的针对性和有效性。在明确档案集成服务的组织结构之后，企业接下来应明确各个角色的职责，明确档案管理部门与其他部门之间的关系和职责。例如，档案管理部门的主要职责包括收集、整理、存储、检索、提供档案信息等工作，同时还需要与信息技术部门、业务部门等进行合作，以实现档案的数字化、网络化和信息化。此外，企业还应该建立一套有效的激励机制，以使档案管理人员能够更好地履行他们的职责。

设立适应信息化环境的管理制度是管理体系的保证。企业档案集成服务的成功与否，很大程度上取决于企业是否建立了完善且符合信息化环境的档案管理制度。有了适应信息化环境的管理制度，企业才能有效地指导和规范档案管理工作的具体执行，保证档案管理活动的顺利进行。制度是一种约束和规范的手段，它可以明确企业档案管理的目标、原则和标准，为企业档案集成服务提供明确的行为准则。信息化环境下的档案管理制度，不仅应涵盖传统的档案管理工作，如档案的收集、整理、保管、利用等，还应涵盖信息化环境的新问题，如档案数字化、档案信息安全、档案知识管理等。

配备具有档案管理和信息技术双重能力的人才是管理体系的核心。在信息化背景下，企业档案管理面临着更复杂的环境和更高的要求，需要专业人才具备档案管理和信息技术双重能力。档案管理能力是基础，具备档案管理能力的人才，能够使企业档案服务体系在满足法律法规和业务需求的基础上，实现档案的科学管理。在现代信息化环境中，电子档案、数字档案、网络档案等新型档案形态正在不断涌现，同时，大数据、云计算、人工智能等新技术也在档案管理领域发挥着越来越重要的作用。这就要求档案管理人员不仅要掌握基本的计算机技能，还要能够运用信息技术对档案信息进行有效的获取、处理、存储和传输，以提高档案管理的效率和效果。只有拥有这样的人才，企业档案集成服务才能在信息化环境中发挥出应有的作用，提高企业的决策效率和管理水平，增强企业的竞争优势。

采用先进的技术手段是管理体系的关键。在企业档案管理中，企业可以采用的先进技术手段包括数字化技术、网络技术、大数据技术、云计算技术、人工智能技术等。这些技术的应用可以极大地改变档案的收集、整理、存储、检索和利用等过程，提高档案的利用效率，满足多元化、个性化的信息需求，促进企业的决策和管理。例如，数字化技术可以实现档案的数字化存储和传播，大大增加档案的保存年限，方便档案的远程检索和利用；网络技术可以实现档案信息的在线传播，方便档案的远程访问和共享；大数据技术可以实现对大量档案信息的分析和挖掘，提供更深层次、更广范围的信息服务；云计算技术可以实现档案信息的云端存储和处理，提高档案管理的灵活性和可扩展性；人工智能技术可以实现对档案信息的智能分析和推荐，提供更个性化的信息服务。需要注意的是，采用先进的技术手段并不意味着放弃传统的管理方法和思维方式，而是要在保持原有优势的基础上，通过引入新的技术手段，来提高企业档案集成服务的整体水平和效果。同时，技术的引入和应用也需要考虑其适应性、可行性和经济性，应避免盲目追求新技术而忽视实际的管理需求和实际效果。

2. 制定详细的档案集成服务流程

在信息化背景下，为了保证档案集成服务的顺利进行，企业需要制定详细的服务流程，包括档案的收集、整理、存储、检索、利用、保护等环节，从而确保每一步都有明确的操作指南和质量标准。企业档案集成服务流程的制定是一项至关重要的工作。因为详细、精确的服务流程可以提供明确的操作指南，规范各个环节的操作行为，从而保证档案集成服务的效率和质量。同时，良好的服务流程也可以对外提供清晰的服务模式和路径，提升外部用户的满意度。

3. 实施集成化的档案服务技术方案

企业应根据自身实际需求，结合信息化条件下的新技术、新方法，如大数据、云计算、人工智能等，实施集成化的档案服务技术方案，以提高档案服务的效率和质量。

大数据技术的应用，可以帮助企业进行高效的档案数据分析和挖掘。通过分析企业的档案数据，企业可以更好地理解档案的结构和关联性，从而进行更精准的档案分类和整理，优化档案的检索和利用。同时，大数据分析还可以帮助企业发现档案管理中存在的问题和瓶颈，为优化档案服务提供数据支持。

云计算技术的应用，可以为企业提供弹性的档案存储和处理能力。通过云计算，企业不仅可以有效地解决传统档案存储空间有限、存取速度慢等问题，而且可以实现档案的远程访问和分享，增加档案的利用效率。

人工智能技术的应用，可以进一步提高档案服务的智能化程度。例如，人工智能可以通过机器学习和自然语言处理技术，实现档案的智能分类、智能检索和智能推荐，提高档案服务的效率和用户满意度。

（二）构建企业档案用户管理机制

1. 开展用户交互

由于档案服务的需求和利用模式的多样性，企业需要通过交互的方式来更好地理解和满足用户的具体需求。企业需要建立一个系统性、互动性的用户交互平台。这个平台可以是一个物理的服务窗口，也可以是一个在线的交互系统，重点在于它能够方便用户提出需求、反馈问题，并能让企业及时接收和处理这些信息。此外，企业还需要定期进行用户需求的调查和分析。这种调查可以采用问卷、访谈、观察等多种方式，目的在于深入理解用户在使用档案服务过程中的真实需求和困扰，以便针对性地改进服务内容和形式。

用户交互的开展也需要在一种持续、动态的状态下进行。这是因为用户需求并非一成不变，随着社会环境、技术进步和用户知识结构的变化，用户的需求也会发生改变。因此，企业需要持续跟踪用户需求的变化，通过不断的用户交互，逐步完善档案服务，以满足用户的实际需求。

2. 做好用户培育

在当前信息化时代背景下，用户获取信息的渠道和手段不断拓宽，智能设备的广泛应用使信息获取变得更加便捷。为了更好地实现档案资源的建设与服务工作，企业档案管理部门需要灵活运用现代化的传播手段，主动地连接和识别潜在的用户，并为档案资源的开发和利用创造更多的可能性。为了达成这一目标，企业档案管理部门有必要进行深入的用户培育工作。一方面，企业档案管理部门应通过多元化的渠道提升用户的档案意识和素养，以便增强用户主动利用档案信息资源的能力。这一过程包括普及档案知识，提高公众的档案信息素养，让用户认识到档案信息资源在日常生活和工作中的应用价值等。另一方面，企业档案管理部门需要积极采取措施激发和引导用户对档案的需求。一种方式是采用主动服务模式，例如用户吸引模式和智能化服务模式，将档案信息资源主动推送给用户，改变档案信息服务工作的被动性，有效培育用户对档案信息资源的需求；另一种方式是通过对档案信息资源的深度加工，全方位、多层次地开发档案文化精品，努力构建档案文化品牌，扩大档案信息资源的社会影响。企业档案管理部门可以通过这种策略性的服务方式，吸引用户使用档案信息资源。

3. 关注用户反馈

用户反馈是档案服务质量提升和服务优化的重要参考依据。企业应设立一个有效的用户反馈机制，积极收集和处理用户对档案服务的反馈和建议，及时对档案服务中存在的问题和不足进行改进。用户反馈可以提供关于档案服务流程、服务内容、服务方式、服务效果等多方面的评价信息。这些信息是对档案服务质量的实时反馈，通过这些信息可以了解到档案服务的优点和需要改进的地方。企业档案管理部门应根据用户反馈，及时调整服务策略，优化服务流程，改善服务内容，提升服务质量。

同时，用户反馈也是一种重要的用户需求信息来源。用户的需求是多变的，对档案服务的需求也在不断变化。通过关注用户反馈，企业档案管理部门可以及时捕捉到用户新的需求信息，从而适时地调整服务内容和方式，使服务更加符合用户的实际需求。

更重要的是，关注用户反馈可以建立和深化企业档案管理部门与用户之间的互动关系。用户反馈不仅是用户对档案服务的评价，也是用户参与档案服务，与企业档案管理部门进行互动的重要方式。企业档案管理部门关注用户反馈，就是对用户参与的尊重，也是对用户的关注和理解，有助于建立稳定的用户关系，提升用户的服务满意度和忠诚度。

第二节 信息化背景下企业档案创新服务之知识服务

一、档案知识服务概述

（一）知识服务

1. 知识服务的含义

知识服务，通常是指将大量的信息资源视为显性知识资源，基于对用户知识需求和问题情境的分析，对信息资源进行检索、重组、集成和创新，以形成满足用户需求的知识产品服务。知识服务并不等同于传统意义上的信息服务（知识服务是信息服务的高层次阶段）。1962 年，美国经济学家弗里茨·马克卢普（Fritz Machlup）在他的著作《美国的知识生产与分配》中，首次在信息服务和信息产业的基础上提出了“知识产业”的概念。他认为，任何将信息、信息产品、信息服务转化为知识或直接产生知识的生产活动和服务都属于“知识产业”。这一概念的提出，为知识服务的演变发展奠定了良好的基础。

与信息服务相比，知识服务主要关注为用户提供深度、全面的解决方案。这意味着知识服务不仅是向用户提供信息，还要提供对信息的分析、解读，将信息转化为知识，帮助用户解决实际问题。在实际操作中，信息服务和知识服务常常是交织在一起的。一方面，知识服务是信息服务的延伸和提升，而信息服务又是知识服务的基础；另一方面，知识服务需要以信息服务为手段，提供更深层次的服务。总的来说，知识服务和信息服务是有区别的，但它们之间也存在着密切的关系。

2. 知识服务的特点

知识服务的特点主要包括以用户为中心，具有专业性、动态性、创新性等，如图 7–4 所示。

图 7–4　知识服务的特点

（1）以用户为中心。知识服务深度关注用户需求，强调以用户需求为导向提供服务。服务提供者必须深入理解和掌握用户的知识需求，并基于这种需求设计和提供服务。此外，知识服务关注用户的知识应用环境和使用情境，以便更有效地满足用户的需求。

（2）专业性。知识服务涉及对知识的分析、解读、应用和创新，这需要服务提供者具备高度的专业能力。服务提供者需要掌握丰富的专业知识，才能准确理解用户的问题，提供适当的解决方案。此外，知识服务还需要服务提供者有能力提供跨学科、跨领域的服务。

（3）动态性。知识服务的效果与服务提供者及用户的水平、状态相关，呈现动态性和差异性。同时，由于知识本身的更新迭代速度非常快，服务提供者需要时刻关注知识的最新进展，及时更新知识。

（4）创新性。知识服务的目标不仅包括提供知识，而且包括推动知识的创新。服务提供者需要有创新意识和能力，不断探索新的知识服务方式和方法，推动知识的创新应用。同时，服务提供者需要通过创新的服务方式，激发用户的创新意识和能力，推动用户对知识的创新使用。

3. 知识服务的流程

知识服务的流程一般包括信息收集、信息分析和整合、信息的知识化、信息应用、知识服务反馈等环节，如图 7-5 所示。

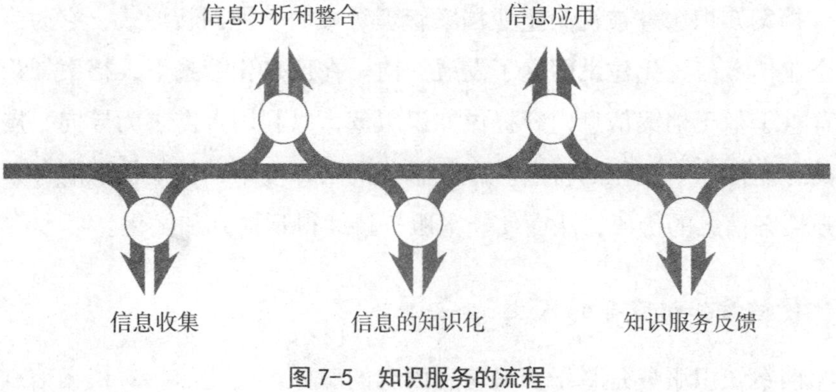

图 7-5　知识服务的流程

（1）信息收集。这一环节主要是收集各种类型的信息。在这个过程中，服务提供者会使用各种策略和工具收集与用户需求相关的信息。信息的收集渠道包括电子媒体和纸质媒体、内部和外部的数据库、网络资源等。

（2）信息分析和整合。信息分析是对收集到的信息进行筛选、分类、整理的过程，以删除不相关或低质量的信息，同时保留有价值的信息。信息整合是将分析后的信息进行组织和关联的过程，以形成有意义的知识模式。

（3）信息的知识化。信息的知识化是通过深入理解和解释信息，将其转化为可以被人理解和应用的知识。该环节可能涉及数据挖掘、模式识别、文本分析等技术的应用。

（4）信息应用。知识服务的主要目的是支持用户的决策或解决问题。信息应用环节就是将生成的知识应用到实际问题中去，以提供解决方案或者增强用户的理解力和洞察力。

（5）知识服务反馈。为了持续改进服务，知识服务提供者需要收集和分析用户对知识服务的反馈，进行用户满意度调查和服务使用的数据分析，并对服务提供过程和结果进行评估。

（二）档案知识服务

档案知识服务被视为企业档案管理领域的一种创新形式，它为当今的企业档案信息化建设明确了发展方向。在信息化背景下，档案知识服务着重于基于档案信息内容提供知识服务，以利用者需求为导向，展现出其专业性和个性化的特点。在数字化网络环境中，档案知识服务不断增强档案信息的价值，从而使档案服务持续得到提升和优化。

1. 档案知识服务的特性

档案知识服务是基于档案信息内容的服务，关注的是对档案信息内容的进一步发掘和利用。档案知识服务可以通过识别现有档案信息资源中的有效知识，组织构建专题知识库，并通过知识的传播向使用者提供可用资源，以实现档案知识信息内容的创新化。另外，档案知识服务是建立在档案信息资源集成管理基础上的服务。在企业档案知识服务中，企业各类档案信息资源被集中管理和整合，因此可以提供全方位和多元化的知识主题数据库，充分发挥整体优势，全面针对使用者问题提供服务。

通常情况下，在用户寻找信息的过程中信息会被重组，形成满足特定主题需求的加工后知识产品，这一过程是知识服务信息增值的体现。而档案知识服务强调使用档案信息资源以创造新的价值，强调以用户为中心，关注对用户问题和需求的分析。档案知识服务通过挖掘、整合、开发和集成蕴含各种知识的企业档案信息资源，形成有价值的知识产品，为用户提供动态、深度的服务。

2. 档案知识服务的原则

（1）高效服务原则。在知识服务领域，高效服务原则主张通过优化工作流程、采用先进的技术手段和创新的服务方式，来提高服务效率，为用户提供快捷、精准的知识服务。这就要求企业档案管理部门注重服务过程的连贯性和完整性，防止服务中断和服务疏漏；同时也要持续探索和实践，发现和解决影响服务效率的问题，持续提高服务质量。

（2）满足用户需求原则。满足用户需求原则强调服务应以用户需求为导向，全面理解和精准把握用户的知识需求，提供符合用户需求的知识服务。因此，企业档案管理部门需要对用户的需求进行深入的研究和分析，包括用户的知识需求、使用习惯、使用环境、使用时间等多个方面。在服务过程中，企业档案管理部门应随时关注用户的反馈，及时调整服务内容和方式，以确保服务的准确性和个性化。

（3）关注效益原则。作为服务的提供者，企业档案管理部门应在追求服务效率和满足用户需求的同时，充分关注服务的效益，包括经济效益、社会效益、学术效益等。在经济效益方面，企业档案管理部门应通过合理的费用控制和价值创造，使服务的收入能覆盖服务的成本，并实现适度的盈利。在社会效益和学术效益方面，企业档案管理部门应注重服务的影响力和贡献，通过提供优质的知识服务，推动知识的传播和应用，促进现代社会和学术领域的发展。

二、信息化背景下知识服务在企业档案中的适用性

（一）知识服务是企业档案信息化发展的必要举措

随着信息技术的快速发展和应用，企业档案信息化已成为企业管理和服务的重要手段。在这一背景下，企业通过知识服务能够有效提升企业档案的管理和利用价值，实现档案信息和档案服务工作的增值，推动档案工作的创新与发展。

（二）企业档案信息化为知识服务提供技术基础

企业档案信息化的基础是建立先进的信息技术基础设施，提供数据存储、处理、传输和检索等方面的技术支持。这为知识服务的实施提供了必要的技术条件，使档案信息能够更加高效地被组织、分析、挖掘和传递，从而转化为有用的知识资源。

（三）企业数字档案馆建设是知识服务的平台依据

数字档案馆作为企业档案信息化的核心组成部分，为知识服务提供了良好的平台。数字档案馆的建设将大量的档案信息资源以数字化形式进行整合和存储，为知识服务提供了可靠的数据源。企业档案管理部门可以通过数字档案馆的功能，实现对档案信息的全面管理、快速检索和定制化的知识服务，为用户提供精准、个性化的知识支持。

（四）网络环境下档案信息资源与知识服务相契合

在网络环境下，档案信息资源可以通过互联网等渠道进行广泛的传播和共享。这为知识服务的实施提供了更大的空间和机会。利用网络环境，用户可以快速地获取和传递档案信息，进行知识的交流和合作，实现知识的共享和创新。网络环境中的档案信息资源丰富多样，涵盖了各个领域的知识内容，适用于不同领域的知识服务需求。

三、信息化背景下企业档案知识服务的实施策略

（一）加强企业档案信息化建设

在信息化背景下，企业档案知识服务的实施策略之一是加强企业档案信息化建设，建立先进的档案管理系统和数字档案馆，提升档案信息的存储、检索和传递能力，通过采用先进的技术手段（如云计算、大数据分析等）高效地管理和利用企业档案信息资源，提供优质的知识服务。加强企业档案信息化建设，企业需要做到以下几点。

1. 完善企业档案信息化标准规范

标准规范是档案信息化建设的基础和重要保障，是不可或缺的必要条件。企业要建立健全的档案信息化工作制度和标准规范体系。标准的制定和实施能够对档案信息化建设起到积极的促进作用，这是因为档案信息化标准规范的制定范围和内容会覆盖档案业务流程和具体工作内容，使其每项规定都有标准可依。具体来看，企业档案工作标准规范包括档案分类规则及编号方案、档案目录数据采集规范、电子文件归档管理规程、档案数据化技术规范、电子文件元数据标准、数字档案馆信息发布规程、管理性标准等。总之，企业档案信息化标准规范的制定是现代企业档案知识服务的关键环节，对于企业的持续发展和信息资源的高

效利用具有深远的影响。从全球视角看，信息技术的飞速发展和数字化趋势的持续推进使企业档案管理模式发生了根本性的变化。而在这个过程中，档案信息化标准规范的缺失或不完善往往会导致企业档案管理的混乱，进而影响企业决策和运营。因此，完善企业档案信息化标准规范，不仅有利于实现企业档案知识服务的规范化和高效化，而且能推动企业的健康和稳定发展。

2. 重视企业档案信息系统的设计和管理软件的选择

企业应高度关注档案管理系统与其他企业管理系统的协同衔接，包括设计、生产、经营、财务、材料、管理、服务等各个环节。只有实现跨系统的协同，才能确保档案管理部门能对企业的各类电子档案进行有效的收集、整合、控制和传递，以实现信息流和知识流的优化。在设计档案信息系统时，企业应严格遵循模块化设计的原则和层次化实现的策略，保证系统的可扩展性和可维护性，并允许系统在未来的发展过程中实现逐步优化和改进。具体来说，模块化设计的原则可以帮助企业将复杂的系统分解为多个独立的模块，以便对每个模块进行深入的分析和优化；而层次化实现的策略则能确保在实施过程中，从最基本的功能开始，逐步实现更高级的功能，以此来保证系统的稳定性和可靠性。

企业在选择管理软件时，需要考虑的因素既包括软件的功能完备性，也包括其适应企业特定需求的灵活性。从功能完备性来看，管理软件需要满足企业档案信息化管理的全流程需求，包括收集、整理、存储、检索、利用等环节；而从灵活性来看，企业需要根据自身的特定需求定制管理软件，以适应企业的特定业务流程和管理模式。

（二）建立档案信息共享的知识服务体系

在信息化背景下，建立档案信息共享的知识服务体系是提升企业决策能力、提高工作效率、优化资源配置的关键手段，同时也是推动企业知识创新和学习型组织建设的重要驱动力。

企业应基于档案的信息化特性，对知识服务体系进行设计。档案在其生成、保存和利用的过程中，会自然形成丰富的信息和知识资源。在数字化和网络化的趋势下，这些资源可以被高效地获取、整理和共享，形成一个开放的知识服务体系。具体而言，知识服务体系的构建应遵循以下原则：第一，系统性原则。即知识服务体系应以系统的视角进行设计和实施，覆盖企业档案管理的全流程，包括档案的收集、整理、存储、检索、利用等环节。第二，共享性原则。即知识服务体系应强调档案信息的开放共享，打破“信息孤岛”，促进知识的流动和创新。第三，动态性原则。即知识服务体系应能适应信息技术和企业环境的快速变化，具有良好的可扩展性和灵活性。

建立档案信息共享的知识服务体系，企业需要重视技术支持和组织实施两个方面。从技术支持角度来看，企业需要构建适应信息化发展的档案信息系统，采用现代信息技术，如云计算、大数据、人工智能等，实现档案的数字化、网络化和智能化。从组织实施角度来看，企业需要建立高效的组织机制和运行机制，包括档案管理部门的职责定位、工作流程设计、人员培训等，来保证知识服务体系的有效运行。

建立档案信息共享的知识服务体系，企业还需要充分利用档案信息的知识价值，推动企业的知识创新和学习型组织建设。具体来说，企业可以通过知识服务体系，将档案信息转化为可用的知识，支持企业的决策和创新；企业还可以通过知识服务体系，推动企业的知识流动和学习，建立持续学习和持续改进的组织文化。

（三）建立档案知识服务专题数据库

为实现档案知识服务专题数据库的构建，企业需通过全面的考量与综合规划，将专业知识、技术实力与管理策略相融合，以提升工作效率和质量为目标，构建全面、高品质的档案信息数据库。

企业建立档案知识服务专题数据库的首要任务是统一档案知识服务数据库的标准规范，以增强检索效率。标准化建设应在相关协作组织的引领下进行，除遵守现有的国家或国际标准外，企业还需制定普遍适用的软件标准以及完善的信息标准。这样才能确保档案知识服务专题数据库建设的规范性、科学性、严谨性，保证其在技术持续更新的环境中保持长久的活力。

企业应通过多种方式来构建档案知识服务专题数据库，以丰富数字化档案信息资源的内容。企业应积极建设有馆藏特色的数据库，根据特色馆藏的开发，创建拥有独特内容的数据库，如科研成果数据库、图片资料库、专家学者库等。同时，企业应对档案信息资源进行深度挖掘、处理、整理和有序重组，以提升用户查找信息的速度和质量，如创建事件数据库、纪念日数据库、大事记数据库等。

优化档案知识服务专题数据库的质量控制流程是企业建立档案知识服务专题数据库必不可少的重要环节。档案知识数据库的质量是优化档案知识服务专题数据库的重要指标，因为档案知识数据库的质量优劣，直接影响其社会效益和经济效益的发挥，关乎整个知识服务的生存与发展。如果一个档案知识数据库记录不完整、数据不精确、检索功能欠佳、查准率和查全率极低，那么它是无法进入档案信息网络并实现资源共享的。因此，企业必须从微观层面对档案知识数据库建设进行全方位的质量控制，提高数据库质量，为档案知识数据库向综合化、网络化的方向发展奠定坚实的基础。

第三节　信息化背景下企业档案创新服务之共建共享

一、企业档案信息资源共建共享概述

（一）企业档案信息资源共建共享的含义

随着档案信息化的持续发展，企业档案信息资源的共建共享已逐渐成为实现档案科学管理的关键工具。一般来讲，企业档案信息资源共建共享是指企业全面利用以计算机科技为核心的现代网络工具，对现有档案信息资源进行有效的存储与整合。基于此，企业对自身的信息资源进行开发规划与科学化管理，并利用网络作为传播介质，通过群体创新、群智模式，让用户可以通过网络服务满足其需求，实现企业档案信息资源的共建共享。

企业档案信息资源共建共享的含义主要涵盖以下两个方面的内容：一是实现企业档案的数字化转化。在落实企业档案工作的过程中，企业档案管理部门不仅要有效地收集企业生产经营活动中的各类档案信息，还要通过信息化的处理方式对生产档案信息、产品销售档案信息等直接档案信息资源，以及企业在其他社会活动中所产生的间接档案信息资源进行归档，进而在企业区域内创建一个档案资源中心，实现文档的整合、档案开发的知识化。二是实现企业档案信息资源的高效应用。在现代企业管理中，用户是核心，共享利用是关键。企业需要扩大档案信息资源的服务对象，以便更好地实现档案的价值。这不仅能为企业自身带来好处，而且可以为社会、国家带来更大的利益。

（二）企业档案信息资源共建共享的意义

1. 避免信息资源的重复建设

企业档案信息资源共建共享能够减少不必要的资源浪费和冗余，进而避免信息资源的重复建设。在企业中，重复建设通常会导致资源的浪费，不仅消耗企业的物质资源（例如硬件设施和软件投入），而且浪费人力资源，因为重复数据的开发和管理工作都需要人力来操作。这种浪费在时间、金钱和人力三个方面都无法得到有效的补偿，尤其是在资源紧张的企业环境中。例如，在具体实践中，如果每个部门（或企业）都单独进行相同或类似档案信息资源的开发和管理，那么将会存在大量的重复劳动。每个部门（或企业）都需要投入时间和资源进行档案的收集、分类、存储和检索等工作，这就形成了重复的劳动，造成了企业资源的浪费。但是，如果企业能够采取档案信息资源共建共享的策略，这些重复劳动就可以被避免。档案信息资源可以在整个企业内进行统一管理，所有部门（或企业）都可以共享这些资源，避免重复的劳动。可见，企业档案信息资源共建共享这种节约资源的方式对于企业的资金和时间管理是至关重要的。企业档案信息资源共建共享在多个部门（或企业）需要处理和管理相同或相似档案时显得尤为重要——企业通过共建共享，可以避免每个部门（或企业）都单独开发和管理同一类别的档案信息资源，从而提高工作效率和节约成本。

2. 提高信息资源的利用率

企业档案信息资源共建共享对于提高信息资源的利用率具有显著的优势。信息资源的利用率是衡量一个企业信息管理效能的关键指标，它能够反映企业信息资源在实际业务运营中的应用程度和效果。

在现代企业的日常运营中，信息资源被广泛应用于决策支持、产品设计、市场推广、客户服务等多个环节。因此可以说，有效的信息资源管理是支撑这些业务运营的基础。在共建共享模式下，企业可以对档案信息资源进行细致的分类，将资源标签化，以便快速、准确地找到所需信息，减少信息检索的时间和难度，进一步提高信息的利用效率。

实施共建共享策略的另一大优点是，它能够将信息资源的使用范围扩大到整个企业，甚至是整个供应链或产业链。这种拓展性的信息共享方式不仅可以提高企业内部员工的工作效率，而且通过共享的信息资源，企业可以与合作伙伴、供应商、客户等进行更有效的协作，提高整体业务效率，从而进一步提高信息资源的利用率。

3. 实现信息资源的公平获取

企业档案信息资源共建共享对于实现信息资源的公平获取具有重要的作用。企业档案信息资源公平获取的含义是所有的利益相关者都能在同等的条件下获取所需的信息资源，无论他们在企业中的地位、角色如何。

企业档案信息资源共建共享打破了企业内部信息获取的部门壁垒和等级制约。在传统的信息管理模式中，由于信息资源的归属和管理权限通常是以部门或职能为界限的，导致一部分员工无法获取他们实际工作所需的信息，或者获取的过程中需要跨越多个部门，信息获取效率低下。而企业档案信息资源共建共享使所有的部门和员工都能在同等的条件下获取他们所需的信息，打破了信息资源壁垒和限制。

企业档案信息资源共建共享为企业的远程工作和全球化运营提供了支持。随着互联网和移动通信技术的发展，越来越多的企业开始实行远程工作和全球化运营，这就需要企业的信息资源能够在全球范围内被有效地获取和使用。企业档案信息资源共建共享通过网络和移动通信等技术，使企业的档案信息资源可以被任何地点的员工在任何时间获取，实现了信息资源获取的地域公平性。

企业档案信息资源共建共享通过优化信息资源的分配，可以有效避免信息的过度集中。在某些企业中，由于信息资源的分配不均，导致部分员工或部门掌握过多的信息，而其他员工或部门则信息匮乏，这种情况不利于企业的整体运作。而企业档案信息资源共建共享通过统一的信息资源管理和分配，使所有的员工和部门都能获取所需的信息，避免了信息的过度集中。

4. 最大限度地满足用户需求

企业档案信息资源共建共享能够更好地满足用户的多样化需求。用户在这里包括企业内部员工、管理层、外部合作伙伴以及客户等所有的信息使用者。他们的需求涵盖信息的查找、分析、理解、应用等多个层面，对于信息的要求包括信息的准确性、完整性、及时性、相关性等多个方面，且不同用户对档案资源有不同的需求。在共建共享的模式下，企业档案信息资源的整合和管理以用户需求为中心，将满足用户需求作为信息资源管理的首要目标。这种以用户为中心的服务理念，使企业能够更好地理解和满足用户的真实需求，提升用户的满意度。

5. 实现企业效益的最大化

企业档案信息资源共建共享对于实现企业效益的最大化具有重要的推动作用。在当前信息化的社会环境中，信息资源已成为企业发展的重要基础，而企业效益的实现也与信息资源的管理和利用密切相关。通过企业档案信息资源共建共享，企业不仅可以实现信息资源的优化配置，还可以进一步发挥信息资源的价值，推动企业效益的提升。

通过企业档案信息资源共建共享，企业可以更加全面、深入地利用各种信息资源，包括内部的生产经营信息，以及外部的市场信息、技术信息等。这不仅有助于企业更好地了解市场动态，制定正确的经营策略，而且可以提高企业的创新能力，推动产品和技术的研发。同时，企业档案信息资源共建共享有助于企业提高竞争优势，实现长期的经济效益。在当前信息化的竞争环境中，掌握和利用信息资源的能力已成为企业获取竞争优势的重要途径。通过企业档案信息资源共建共享，企业可以提升自身的信息资源管理和应用能力，从而在市场竞争中取得优势，实现长期的经济效益。

（三）信息化建设对企业档案信息资源服务的影响

1. 企业档案信息资料来源与获取方式层面

信息化建设改变了传统的企业档案信息的获取与处理方式，使其更为智能、高效。利用信息化技术，企业能够对各类数据、文件、图像等档案信息进行自动化收集、分类和存储，极大地提高了信息获取的速度和质量。同时，通过网络、数据库等现代信息技术，企业能够及时获取外部信息资源，包括市场信息、技术信息、政策法规等，进一步拓宽了企业档案信息的来源。

（1）企业档案信息资源来源广泛化。随着信息化建设的深入，企业档案信息的来源日趋广泛。传统的档案信息，如内部会议记录、财务报表、人力资源数据等，都是档案信息的重要来源。随着社会经济的复杂性与全球化趋势的加强，企业越来越需要关注和利用外部的信息资源，如市场研究报告、客户反馈、政策法规、科技研发动态等。此外，随着大数据和互联网技术的发展，来自社交媒体、网页浏览行为、物联网设备等新型数据来源的信息也被越来越多地纳入档案信息的范畴。广泛的信息资源使企业档案不再局限于某类数据，成为企业决策、创新、运营等各种活动的重要依据。

（2）企业档案信息获取渠道多样化。随着信息化技术的进步，企业可以通过各种电子方式快速、准确地收集、处理和存储档案信息。例如，企业可以通过内部信息系统自动收集生产、销售、财务等数据；通过互联网搜索引擎、数据库服务等获取外部信息资源；通过社交媒体、移动应用等渠道收集客户反馈、市场动态等信息。多样化的信息获取渠道大大提高了档案信息的获取效率，使企业档案信息服务更好地满足了企业的实际需要。

2. 企业档案信息资源整合与功能集成层面

在大数据时代，企业通常需要处理大量的数据和信息，这些数据和信息往往来源不同，格式不一，质量各异。为了提高信息的利用效率和准确性，企业需要进行有效的信息整合。信息整合涉及将不同来源、不同类型的信息进行清洗、转换、对齐和归一化等处理，以使这些信息能够被统一管理、统一查询、统一分析。信息整合也涉及建立有效的元数据管理机制，以便于理解、索引和检索各种信息。信息化建设可以采用大数据、数据仓库、元数据管理等技术，以使企业更好地整合和利用各种档案信息资源。

传统的档案管理主要是以存储和保护档案为主，功能相对单一。随着企业运营的复杂性和信息化需求的提高，企业档案信息服务已经不仅仅满足于基础的存储和检索功能，还需要支持更丰富的功能，如数据分析、知识发现、决策支持等。在此背景下，信息化建设可以采用数据挖掘、人工智能、知识图谱等先进的技术，来提升企业的运行效率和决策效能。

3. 企业档案信息资源的社会共享和技术创新层面

在现代信息社会中，企业档案信息资源的社会共享和技术创新是推动企业发展的两个重要领域。它们分别代表了企业档案管理工作的外部延伸和内部优化。企业档案信息资源的社会共享意味着企业档案信息在社会各方面的广泛应用和共享，这是信息化时代的一个重要特点。随着网络技术的发展，企业档案信息已经不再局限于企业内部，而是可以通过网络平台向社会公众开放。这样不仅可以扩大企业档案信息的使用范围，增加其社会效益，而且可以提升企业的社会责任感和公众形象。同时，通过企业档案信息资源的社会共享，企业还可以从外部获取更多的反馈和建议，从而优化自身的档案管理和业务决策。与此同时，企业档案信息资源的社会共享也面临着信息安全和隐私保护等挑战，需要企业采取有效的技术和管理措施来应对。

企业档案信息资源的技术创新关注的是如何通过新的技术手段提升企业档案管理的效率和效果。这包括对档案信息的收集、整理、存储、查询、分析等各环节的技术优化，以及对档案信息服务模式的技术创新。例如，企业可以引入人工智能技术自动处理和分析档案信息，提升信息处理的速度和质量；也可以构建基于云计算的档案信息服务平台，实现档案信息的高效共享和协作。同时，技术创新还可以帮助企业更好地应对新的挑战和需求，如通过个性定制来应对用户的多元化需求。

二、信息化背景下企业档案信息资源共建共享的模式

（一）水平型共建共享模式

在同一地域内的不同系统和行业间实施的信息资源共建共享，被归为水平型共建共享模式。在这种模式中，参与机构的隶属关系是各异的，这些机构对信息的需求也不尽相同，加之相互之间缺乏强烈的合作驱动因素和有效的协作机制，因此，这种模式的实施面临较大的挑战。

（二）垂直型共建共享模式

垂直型共建共享模式是通过系统内各机构间不同层级的协同作用来实现信息资源的共建共享。该模式的特点是参与主体间存在明确的等级关系，一般由一家主导企业或部门负责统筹规划和管理，其他企业或部门作为参与方提供支持。举例来说，这种模式可以是下属单位与中心

（或上级）机构建立联络，进而利用中心（或上级）机构内的信息资源。在垂直信息系统中，成员之间主要存在行政或业务上的隶属关系，因此，构建这种模式相对简单。然而，由于垂直型结构相对封闭，它往往抑制了系统间信息资源的充分共享。尤其是在成员间地理位置距离较大时，进行必要的管理和联系可能会有一些不便。

（三）网状型共建共享模式

网状型共建共享模式是指不同机构系统或成员之间，通过合作将不同环境中大量的、分散的信息资源进行整理、优化，实现共建共享信息资源的模式。该模式可分为互补型共建共享模式、聚集型共建共享模式、开发型共建共享模式三种子模式。

1. 互补型共建共享模式

互补型共建共享模式高效地发挥了各方的优势，通过合作建设弥补各方的不足，实现网络资源的共建共享。在此模式下，各参与方之间呈现出一种互补的关系，通过协作的方式充分利用各自的优势，避免或减小各自的劣势，从而有效地降低成本，并优化各自的资源配置，实现共赢。这种模式注重参与方之间的互相补充，强调的是各自的优势和特长在整个系统中的优化配置，而非单一参与方的全面优势。

2. 聚集型共建共享模式

在聚集型共建共享模式中，参与合作的一方通常已经拥有良好的技术、人才和信息资源基础。在这样的基础上，企业利用聚集型共建共享模式可以进一步提升自身的网络信息资源质量，优化资源结构，扩大资源的种类和数量。换言之，企业通过和相关机构的合作与整合，可以将优势资源集中起来形成规模效应，从而提高信息服务水平，增强竞争力。

3. 开发型共建共享模式

开发型共建共享模式旨在充分利用网络信息资源并开拓新的服务项目。在该模式中，合作各方以网络信息资源的开发和利用为核心，推动经营、管理和服务等方面的创新。这种模式的重点在于通过合作创造新的机会和价值，拓展企业的业务领域和服务范围。合作方通过共同开发和利用网络信息资源，探索新的商业模式和创新方法，以满足不断变化的市场需求和用户需求。开发型共建共享模式注重创新和发展，为合作方提供了更多的机会与挑战。

三、信息化背景下企业档案信息资源共建共享的策略

（一）完善企业档案信息资源管理标准

实现企业档案信息资源的共建共享需要建立在一定的标准基础之上。为此，企业应按照国家相关政策和科学管理措施来不断完善企业档案的技术标准、管理标准和制度标准，并适时续编和修订现有的标准。在实际工作中，对于那些本身就是某种文本、图形等格式的电子文件，其数字化共建共享工作仅需将这类数据按照规定转化为规范格式，并按照一定的组织方式进行存储即可。对于那些以传统载体为基础的文字或图像文件，则需按照统一规范采用、扫描录入方式或文本方式存储挂接扫描图文等方法进行统一处理，从而加强企业档案的信息化建设。因此，建立和遵循标准化的档案管理规范和数字化处理要求，可以确保企业档案信息资源的共建共享具备一定的一致性和互操作性。同时，相关政策引导和科学管理措施的实施能够提高档案数字化工作的规范性和可靠性，促进企业档案信息资源的有效共享与利用。这样的措施有助于确保企业档案管理在信息化建设过程中能够顺利推进，从而为企业提供可靠的信息支持和决策依据。

在这个信息高度发达的时代，很多企业对如何实现档案管理统一标准并转变档案管理模式产生了关注。为适应时代变革，企业档案信息利用工作需要纳入企业的信息化建设中——企业可以建立档案信息局域网并构建企业档案信息平台，从而加快档案信息的传播速度并提高利用质量。建立档案信息局域网可以实现企业内部档案信息的快速传输和共享，提高信息传播的效率。同时，构建企业档案信息平台可以为用户提供便捷的远程访问和利用档案信息的渠道，促进信息的共享和利用。通过信息化共享工作，企业能够将特色档案信息向外界推广，扩大档案信息的利用范围和影响力。这样的举措不仅有助于企业提升自身在社会中的地位和形象，还能够减少实体档案的存储空间需求，提高档案信息的利用效率和便捷性。通过实现信息服务的社会化和全球化，企业能够更好地满足用户的需求，促进信息资源的共享与利用，推动社会进步和经济发展。

（二）建设企业档案信息资源共享联盟

建设企业档案信息资源共享联盟主要包含以下两个方面的内容：建设企业内部共享平台和建设行业内部联盟平台。

1. 建设企业内部共享平台

在企业档案工作中，为了实现信息资源的共建与共享，建设企业内部共享平台是一项关键举措，尤其是针对上下级部门之间不同层次的集中共享，即企业档案资源的纵向共享。共建与共享在企业档案工作中是相互依存、密不可分的，共建是共享的前提基础，而共享则是共建的最终目标。因此，企业需要在整合、优化数据资源的基础上，努力搭建企业内部共享平台，不断完善和升级企业内部信息资源数据库，加强内部各个部门业务环节的程序化和流程化。

企业内部共享平台的建设需要通过大数据手段对企业日常生产经营

中产生的各类资源进行海量分析与处理，从而使这些资源能够在一个完整、流畅的数据库平台上自由流通。通过建设共享平台，企业可以促进不同部门之间的信息共享和协同工作，提高信息资源的利用效率和决策水平。此外，通过优化数据库平台的功能和性能，企业能够提高信息资源的整合性和可访问性，更好地应对信息化时代的挑战。

为实现企业内部共享平台的有效建设，企业需要重视数据管理、信息安全和隐私保护等方面的问题，以确保共享平台的稳定运行和数据的安全性。同时，企业还需要建立完善的管理机制和流程，以确保共享平台的可持续发展和不断优化。通过这些努力，企业能够打造一个良好的内部共享平台，从而提升企业整体运营效率和竞争力，为企业的发展提供强有力的支持。

2. 建设行业内部联盟平台

行业内部联盟平台的建设是水平型共建共享模式的具体化。在当前数字化、信息化时代背景下，企业的信息资源共建共享程度对其产品市场竞争力有着重要影响。从社会各行各业的发展来看，任何企业要实现做大做强的目标，不能故步自封，而是需要参考同行业内其他组织的经验——企业可在符合可查询的密级要求下，通过企业档案信息资源管理平台系统获取和阅览行业内相关技术、软件和内容。为此，建设行业内部的档案信息资源共享联盟，积极推进行业内部的信息平台建设显得尤为重要。

行业内部联盟平台的建设可以促进企业之间的合作与共享。通过建立联盟平台，行业内的企业可以共同分享和利用彼此的信息资源，包括技术、经验、数据等。这种水平型共建共享的模式有助于加强行业内部的合作与创新，提高整个行业的竞争力和发展水平。此外，借助企业档案信息资源管理平台系统，可以实现信息的统一管理和安全共享，确保各企业能够便捷地获取和利用所需的信息资源。行业内部联盟平台的搭建需要建立适当的信息共享机制和规范。这包括确立可查询的密级标准，以保护敏感信息的安全，并提供适当的访问权限。通过企业档案信息资源管理平台系统，行业内的企业可以通过合法途径获取和阅览共享的技术、软件和内容。此外，企业之间需要加强档案信息资源共享事项的合作与沟通，积极推进信息平台建设，以确保信息共享的高效性和可持续性。

图 7-6 所示为企业档案资源社会共享示意图。企业档案工作人员利用大数据技术手段将档案信息资源存储和整合至企业档案信息资源数据库，并结合企业的行业特点、运营模式和性质等独特属性，将可供社会各组织查阅和参考的档案资源上传至企业的数字档案馆中，供同行业及社会公众查询。与此同时，企业可以通过访问同行业其他企业的数字档案馆，获取所需的档案信息和资讯，并将其下载到企业内部的信息资源数据库中，供企业决策者、管理者和执行操作者等相关人员进行分析和使用。

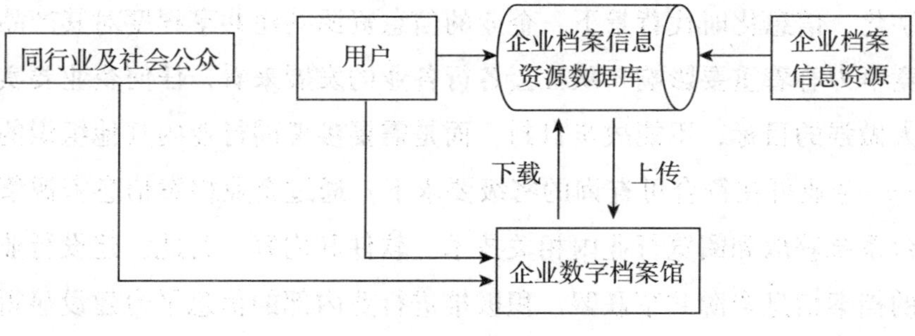

图 7-6　企业档案资源社会共享示意图

（三）注重档案信息资源共建共享中的技术创新

技术创新是企业档案信息资源共建共享可持续发展的重要推动力。在信息化背景下，企业档案信息资源共建共享需要注重技术创新，以推动共建共享效果的提升和资源管理的优化。

企业档案信息资源共建共享的开放性要求企业紧跟当前技术主流，

实现项目间的开放互连。然而，技术的发展是持续的，新技术的发明都是建立在已有积累基础上的。无论是根本性的重大创新还是其他创新，都不可能完全摒弃现有的生产技术，而是会尽可能地利用已有的或成熟的技术成果。在档案信息资源共建共享的过程中，需要确保各企业或部门良好的分工协作，为用户提供更优质的服务，但并非所有新技术都适用。因此，在进行技术创新时，应重视技术的延续性，而不是盲目地选择新技术。重视技术的延续性还可以确保前期建设成果在不同技术平台下仍能访问，从而节约建设成本。

第八章

企业档案信息化建设与创新服务理性思考

第一节　企业档案信息化建设与创新服务面临的瓶颈

企业档案信息化建设与创新服务是当前企业管理领域的重要议题。然而，在实践过程中，企业档案信息化建设与创新服务面临的一些瓶颈，限制了其进一步发展和提升。

一、技术瓶颈

企业档案信息化建设涉及复杂的信息技术系统和工具。尽管信息技术的快速发展为档案管理提供了丰富的解决方案，但技术选型、系统集成和数据安全等方面依然容易出现问题。技术选型的困难在于需要选择适合企业需求的信息系统，并确保其与现有系统的兼容性。系统集成的困难在于需要协调不同系统之间的交互和数据共享，这往往是一个复杂的过程。数据安全的困难在于涉及敏感信息的保护和合规性，这需要企业制定有效的安全策略和措施，以应对日益复杂的网络威胁。

（一）技术选型

企业在进行档案信息化建设时，需要从众多的技术解决方案中选择适合自身需求的系统和工具。然而，技术选型的复杂性在于不同的系统和工具大多具有不同的特点和功能，且技术本身不断更新换代，于是使选择最佳方案变得较为困难。这需要企业进行全面的技术评估，考虑与现有系统的兼容性、易用性、可靠性以及未来的可扩展性，以确保所选技术能够满足企业的长期需求。

（二）系统集成

系统集成是企业档案信息化建设需要解决的又一关键问题。企业档案管理往往涉及多个系统和数据源之间的集成与交互。在信息化建设过程中，企业需要确保各个系统之间能够有效地共享数据和信息，实现无缝的协同工作。然而，系统集成涉及不同系统的接口开发、数据转换和数据一致性等复杂任务。这需要企业投入大量的人力和物力资源，同时相关人员具备深厚的技术知识和经验，才能确保系统集成的顺利进行。

（三）数据安全

随着企业档案信息化程度的提高，敏感数据和商业机密也在被存储和传输，于是数据安全成为企业亟须解决的问题。企业需要采取一系列措施，如加密技术、访问控制、身份认证等，来保护档案数据的机密性、完整性和可用性。除此之外，企业还需要关注合规性问题，确保符合相关的数据隐私法律法规和行业标准，以避免潜在的法律风险和声誉损失。

二、组织瓶颈

企业档案信息化建设需要各个部门之间的协同合作和共享信息。然而，由于部门之间存在信息孤岛和利益冲突等原因，实现有效的协同合作常常比较困难。这会导致信息流通不畅、数据共享不足，影响企业档案信息化建设的效率和质量。此外，组织文化和员工素质也是组织瓶颈的重要方面。企业需要建立一个支持信息化建设的文化氛围，并培养员工的信息素养和技能，以适应信息化环境的变化。

（一）信息孤岛

“信息孤岛”是常见的组织瓶颈之一。企业内部各部门由于独立运作等原因，可能会形成“信息孤岛”，导致信息的封闭和隔离。存在“信息孤岛”的情况下，档案信息无法有效地在不同部门之间流通和共享，造成了信息冗余、数据不一致以及决策效率低下等问题。为解决“信息孤岛”问题，企业需要建立跨部门的信息共享机制，促进部门之间的协同配合和信息交流，实现档案信息的全面整合和共享。

（二）利益冲突

企业内部的不同部门常有着不同的目标、利益和优先级，这可能导致企业档案信息化建设中的冲突和阻碍。例如，某部门更关注自身利益而不愿共享信息，或者部门之间存在竞争和矛盾。这样的利益冲突会导致合作困难、信息流通受阻，并降低整体企业档案信息化建设的效果。为解决这个问题，企业需要加强内部沟通和协调，制定明确的利益共享机制，确保各个部门在企业档案信息化建设中能够相互支持和合作。

（三）组织文化和员工素质

组织文化和员工素质也是组织瓶颈的重要因素。企业档案信息化建设需要企业建立积极支持的组织文化，鼓励员工参与和支持信息化变革。然而，传统的组织文化有时会存在抵触变革和新技术的倾向，这会对企业档案信息化建设带来阻力。同时，员工的素质和能力也是关键因素，他们需要具备一定的信息素养和技能，以适应信息化环境的变化。因此，企业应该通过培训和教育来提高员工的信息化素养，建立适应信息化发展的员工队伍。

三、规范瓶颈

企业档案信息化建设和创新服务必须遵守相关的法律法规和标准规范。然而，现实中存在法律法规不完善、标准规范不统一的问题，这给企业的创新实践带来了一定的阻碍。在企业档案信息化建设和创新服务过程中，企业需要投入大量资源来理解和遵守各项规定，并确保其操作的合法性和合规性。

企业档案信息化建设涉及多个法律领域，如数据隐私、知识产权等，这在某种程度上会增加企业档案信息化建设的难度。

同时，企业档案信息化建设还涉及各种标准和规范，如数据格式标准、信息安全标准和档案管理规范等。然而，这些标准和规范在不同地区、不同行业甚至不同组织之间都可能存在差异，这会给企业档案信息化建设带来困扰。为解决这个问题，企业需要投入大量资源来理解和遵守各项规定，同时满足不同利益相关方的要求。企业可以加强与标准化组织的协调、合作，推动制定统一的档案信息化标准，以提高企业间的互操作性和信息共享性。

除此之外，法律法规和标准规范的变化与更新速度也是企业在进行档案信息化建设时所面临的一个巨大挑战。随着技术的快速发展和社会环境的变化，法律法规和标准规范需要不断调整与更新以适应新的挑战和需求。这给企业带来了不确定性和操作风险。为应对这个瓶颈，企业需要积极关注法律法规和标准规范的动态变化，建立灵活的管理机制，及时调整企业档案信息化建设和服务创新的策略与操作，以确保与最新要求的符合性。

第二节　企业档案信息化建设与创新服务的解决措施

一、加强技术能力建设

（一）持续学习和跟踪技术趋势

企业应该建立一个持续学习的机制，定期关注和研究最新的信息技术趋势与发展动态。这种持续学习的态度至关重要，因为技术变革日新月异，会给企业带来巨大的机遇和挑战。企业可以通过参与行业会议、学术研讨会和专业论坛，获取来自学术界、技术领域专家和业界领先企业的最新研究成果与实践经验。在进行档案信息化建设时，企业会面临各种技术选项，如云计算、大数据分析、人工智能等。通过持续学习和了解技术趋势，企业可以评估不同技术选项的优劣势，了解其适用范围和实施难度，从而作出明智的技术选型决策。通过了解技术趋势，企业还可以发现应用于企业档案信息化建设和创新服务的新技术与新方法。这有助于企业实现差异化竞争，提供更具创新性和高附加值的服务，更好地满足用户的需求。

（二）建立专业的技术团队

企业可以通过招聘、培养和吸引高素质的技术人才来建立专业的技术团队。技术团队成员需要具备深厚的技术背景和专业知识，并能够应对日益复杂和快速变化的技术环境。这样的团队不仅能够提供技术支持和解决方案，还能够推动技术的创新和进步。企业应该鼓励团队成员提出创新想法和解决方案，积极参与技术创新和科研项目。为了促进企业档案服务创新，企业需要为技术团队提供充足的研发资源和支持。此外，技术团队可以与外部创新合作伙伴建立联系，共同探索新技术和解决方案，加速推动创新和商业化。

（三）建立技术培训和知识管理机制

企业可以通过内部培训和知识管理机制，提高员工的技术素养和能力。这包括组织定期的培训课程、知识分享会以及建立技术文档和知识库等。这些措施可以提升员工对技术的理解和应用能力，为企业的技术能力建设提供人才支持。在此过程中，企业需要注重跨部门合作和激励措施。

1. 建立技术培训机制

企业可以建立定期的技术培训机制，以提升员工的技术素养和能力。技术培训可以涵盖多个方面，包括档案管理的基础知识、信息技术的应用技能、新技术的学习和应用等。培训可以通过内部培训课程、外部培训机构的课程、技术供应商的培训资源等方式进行。此外，培训内容应根据不同岗位和职责的需求进行量身定制，以确保培训的针对性和有效性。

2. 建立知识管理机制

企业可以建立知识管理机制，以便有效地捕获、共享和应用技术知识。知识管理可以包括建立技术文档和知识库、组织技术分享会议、制定标准操作流程等。企业可以通过建立技术文档和知识库，收集、整理和存储相关的技术知识和经验，为团队成员提供参考和学习资源。组织技术分享会议可以促进团队成员之间的交流和合作，提高技术共享和沟通的效果。标准操作流程的制定可以规范技术工作的流程和方法，提高工作的效率和一致性。

3. 注重跨部门合作

企业需注重跨部门的合作。企业可以让不同部门的技术团队分享各自的经验和专业知识，进行交叉培训和知识交流。这种跨部门合作有助于促进技术的整合和创新，加强团队之间的协同工作和互补优势。

4. 注重激励措施

企业可以通过特定激励措施，来鼓励员工积极参与技术培训和知识管理活动，如技能认证和晋升机制、奖励和表彰制度等。通过给予员工明确的激励和奖励，企业可以增强员工参与档案信息化建设的积极性和动力。

二、优化组织架构和流程

企业需要建立跨部门的沟通和协作机制，打破“信息孤岛”，促进档案信息的共享和流通。具体来说，企业可以制定明确的利益共享机制，促进不同部门间的合作和协调；同时，建立积极支持的组织文化，鼓励员工参与和支持档案信息化建设；建立联合决策机制，支持各部门参与讨论。

（一）制定明确的利益共享机制

1. 制定明确的目标和指标

为了实现利益共享，企业需要制定档案信息化建设和创新服务目标与指标。这些目标和指标应该与各个部门的职责和利益密切相关，能够体现企业整体发展的战略方向。明确的目标和指标，可以为各个部门提供明确的导向，使其在档案信息化建设和创新服务过程中能够准确理解自身的职责和利益所在。

2. 建立绩效评估体系

企业需要建立绩效评估体系，将档案信息化建设和创新服务作为部门与个人绩效考核的重要因素之一。绩效评估体系应该公正、客观，并与目标和指标相对应。通过将档案信息化建设和创新服务与绩效考核相结合，可以激励各个部门积极参与并为实现目标而努力，从而确保利益共享的公平性和有效性。

3. 建立透明和有效的沟通渠道

企业需要建立透明和有效的沟通渠道，例如定期的沟通会议、信息共享平台、反馈机制等。通过开放的沟通渠道，各个部门能够及时了解档案信息化建设和创新服务的最新进展与动态，从而更好地理解各自的职责和利益。

（二）建立积极支持的组织文化

企业应该建立积极支持的组织文化，鼓励员工参与和支持档案信息化建设。这可以通过强调信息化建设的重要性和价值、加强领导层示范与支持、倡导创新和持续改进来实现。

1. 强调信息化建设的重要性和价值

为了建立积极支持的组织文化，企业需要明确强调档案信息化建设的重要性和价值。企业可以通过内部宣传、培训和沟通等活动，向员工传达档案信息化建设的战略意义，介绍档案信息化建设的优势，强调档案信息化建设的重要性和价值，来增强员工对档案信息化建设的认同感和投入度。

2. 加强领导层示范与支持

组织的领导层在建立积极支持的组织文化中应当起到关键作用。领导层需要加强积极示范并表达对档案信息化建设与创新服务的支持。他们需要理解档案信息化建设的战略重要性，并通过行动和言论传递这一信息。领导层还应提供必要的资源和支持，鼓励员工参与档案信息化建设项目，并关注项目的进展和成果。

3. 倡导创新和持续改进

企业应当鼓励员工提出新的想法和解决方案，促进创新实践。同时，企业应该鼓励员工参与档案信息化的改进和优化，积极反馈问题和提出改进建议。倡导创新和持续改进的组织文化可以激发员工的创造力和积极性，推动档案信息化建设与创新服务不断发展和进步。

（三）建立联合决策机制

建立联合决策机制是优化组织架构和流程的关键措施之一。该机制旨在确保不同部门和利益相关方在企业档案信息化建设与创新服务方面的意见和需求得到充分考虑和平衡。在企业档案信息化建设和创新服务的过程中，建立联合决策机制可以确保各个部门的利益得到考虑和平衡。联合决策机制可以通过建立跨部门的项目团队、定期的协调会议等方式实现。在决策过程中，各个部门都有权参与并发表意见，以确保各个部门的利益得到公平的权衡和协商。建立联合决策机制，企业需要做到以下几点。

1. 多部门参与决策

联合决策机制要求在企业档案信息化建设和创新服务的决策过程中，涉及的各个部门都有机会参与和发表意见，比如信息技术部门、档案管理部门、业务部门以及其他相关部门的代表。多部门参与决策，可以充分考虑到各个部门的需求和利益，确保决策的全面性和可行性。

2. 交流协商与合作

企业要鼓励各个部门之间的协商与合作。在决策过程中，不同部门的代表应该相互交流、协商和合作，寻找共同的解决方案，建立共同的目标和利益，促进信息的共享和流通。

3. 制定决策流程与角色职责

企业需要制定明确的决策流程和角色职责。决策流程应该包括决策的发起、讨论、评估和执行等阶段，并明确各个阶段的参与者及其职责，以确保决策的透明性和合法性，减少决策过程中的混乱和不确定性。

三、注重规范和风险评估

企业应遵守档案信息化的法律法规，主动适应法律法规的更新和变化。此外，企业应加强与标准化组织的合作，推动制定统一的档案信息化标准，并确保企业的操作符合相关标准要求。同时，企业需要做好风险评估和管理工作。

（一）法律合规意识

企业在档案信息化建设和创新服务过程中应高度重视法律合规，遵守相关的法律法规，如《个人信息保护法》《数据安全法》以及其他与信息化活动相关的法律法规。企业应建立法律合规意识，加强对法律法规的了解和遵循，确保信息的合法性、合规性和安全性。

法律合规意识意味着企业及其员工认识到法律法规对业务活动的约束性和规范性，理解了违反法律法规可能带来的法律风险和声誉损害，并明白遵守法律法规的重要性。法律合规意识的形成需要企业领导层的示范和全员的参与，以建立一种文化氛围，使法律合规成为企业价值观的一部分。企业及其员工在档案信息化建设和创新服务过程中应始终遵循法律法规的要求，合法收集、处理和存储数据，保护个人隐私和数据安全，遵守知识产权的保护和使用规定。企业应建立相应的制度和流程，确保员工在工作中积极遵守法律法规要求，以防范法律风险。

（二）建立规范标准

企业应制定并实施适用的规范标准，以指导和规范档案信息化建设与创新服务的过程，例如数据管理标准、信息安全标准、文件命名和分类标准等。通过建立规范标准，企业可以确保档案信息的一致性、可靠性和可持续性。

企业应当建立一个专门的标准制定机构或团队，负责制定与档案信息化建设和创新服务相关的规范标准。这些标准应基于相关的法律法规、行业标准、最佳实践和企业内部需求，确保其合理性、可行性和可操作性。企业还应确保制定的规范标准形成一个统一的标准体系。这意味着不同的标准应相互关联、协调和统一，以便在档案信息化建设和创新服务的各个环节中形成一致的规范要求，避免标准之间的冲突和混乱，提高规范的可操作性和有效性。

（三）风险评估和管理

企业应进行全面的风险评估，识别与档案信息化建设和创新服务相关的潜在风险和安全隐患。基于评估结果，企业需要采取相应的措施来管理这些风险，例如制定安全策略和控制措施、加强安全培训和意识教育、建立灾备和恢复机制等。

1. 风险识别

风险识别是指识别与档案信息化建设和创新服务相关的潜在风险和安全隐患，包括内部和外部的各种风险，例如数据泄露、未经授权的访问、系统故障、技术漏洞、法律合规风险等。企业应组织相关的部门和人员，通过风险调查、安全漏洞扫描、合规审查等方法，全面识别可能存在的风险。

2. 风险评估

风险评估是指对已识别的风险进行定性和定量的评估，以确定其对企业的影响和可能性。通过风险评估，企业能够对各种风险进行优先级排序，并了解其潜在的影响范围和后果。评估可以基于风险事件的可能性、影响程度、发生频率等因素进行，以确定哪些风险需要优先关注和管理。

3. 风险管理策略

基于风险评估的结果，企业需要制定相应的风险管理策略和措施，例如风险避免、风险减轻、风险转移和风险接受等策略。企业可以采取一系列的控制措施，例如安全策略和政策制定、访问控制和权限管理、安全培训和教育、备份和灾难恢复计划等，来管理风险。

4. 风险监控和应对机制

风险管理是一个持续的过程，企业应建立相应的风险监控和应对机制，定期进行风险评估，以确保风险管理措施的有效性和适应性。同时，企业应建立紧急响应计划和事件管理流程，以便在风险事件发生时能够迅速应对和恢复。

第三节　企业档案信息化建设与创新服务的前景展望

一、档案管理模式不断更新

随着信息技术的不断发展和应用，档案管理模式也在不断更新，企业需要不断更新和改进档案管理模式以适应新的信息化环境。未来企业档案管理模式会呈现出以下几种特征。

（一）数字化档案管理

数字化档案管理是指将传统的纸质档案转化为电子形式，并利用信息技术手段对档案进行管理、存储、检索和共享的过程。数字化档案管理通过将纸质档案转换为电子档案，实现了档案信息的高效化、便捷化和可持续化管理。随着信息技术的不断发展，企业的信息化程度日益增强。数字化档案管理作为企业信息化建设的重要组成部分，能够适应企业信息化的需求和趋势。

（二）网络化档案管理

网络化档案管理是指利用互联网和内部网络平台进行档案管理和服务。企业可以建立内部档案管理系统，通过网络实现档案的传输、共享和访问。此外，企业还可以利用云计算和云存储技术，将档案存储于云端，实现跨地域和跨部门的档案共享与协作。

（三）智能化档案管理

智能化档案管理利用人工智能、大数据分析和自动化技术，提高档案管理的智能化水平。例如，利用自然语言处理和机器学习技术，实现档案信息的自动分类和标注；利用大数据分析技术，挖掘档案信息的潜在价值；利用自动化技术，实现档案的快速整理和归档等。

（四）开放式档案管理

开放式档案管理通过开放的数据标准和接口，实现了不同系统和平台之间的档案互通与集成。企业可以采用开放的数据格式和标准，使档案数据能够被多个系统和应用程序共享与利用。开放式档案管理有助于打破“信息孤岛”，促进信息共享和流通，提升档案管理的整体效能。

开放式档案管理的应用前景广阔，它可以促进信息的共享和协作，加速研究和创新的进程，提高档案管理的效率和质量。然而，开放式档案管理也面临一些挑战，例如隐私保护、知识产权管理和数据质量控制等。

二、档案管理体制不断规范

档案管理体制的规范化是指在企业内部建立一套完善的档案管理机制和制度，以确保档案管理工作的有效性、规范性和可持续性。规范化的档案管理体制有助于提高档案管理工作的效率和质量，确保档案的完整性、可靠性和可持续性。此外，规范化的档案管理体制还能提升企业的声誉和信誉，为企业的创新服务和业务发展提供有力的支持。未来档案管理体制会呈现以下几个特点。

（一）明确专人负责

为了提高档案管理的效果和质量，企业明确专人来负责档案管理工作。档案工作人员具备责任心强、业务技能精的特点，负责档案资料的收集、整理、立卷和移交等工作。同时，企业要求档案工作人员认真学习档案整理相关制度，熟知整理归档的方法和要点，充分认识到档案管理标准化对于保障档案质量和信息可靠性的重要作用。

（二）严把质量关

在规范化的档案管理体制下，严把档案收集整理的质量关成为一项重要任务。企业通过多项措施来确保各类档案资料得到规范统一的整理，严格按照档案管理行业规范标准进行操作。同时，企业密切跟踪监督各类档案整理全过程，及时发现和解决整理、检查中存在的问题，并督促整改落实，确保档案的完整性、可靠性和可管理性，提高档案管理的效率和可信度。

（三）规范企业档案管理

规范化的档案管理体制要求企业按照真实、全面、准确的标准来管理档案。建立规范的档案管理流程和标准，可以使档案管理工作有规可循、有目可查，有助于提高档案管理的效率，确保档案信息的可靠性和可持续性。在具体操作中，企业会检查档案收集、整理的材料是否齐全、完整，确保档案的摆放整齐、规范，使其具备规范性、可操作性和可查找性。

三、档案服务水平不断提升

未来随着企业档案信息化建设的推进，企业通过数字化、智能化等技术手段提供更多样化的档案服务。为了提升档案服务的水平，企业优化档案管理流程，提高服务效率和响应速度。通过引入自动化和智能化技术，来加快档案的检索、借阅和交付过程，提供更快速、准确的服务响应。同时，建立高效的档案管理系统和工作流程，来提升档案处理和服务的效率。档案服务的提升不仅在于提供更多样化、高效的服务，还在于注重提升服务质量和用户体验。企业通过加强档案服务人员的培训，提高他们的专业素养和服务意识，来更好地满足用户的需求和期望。此外，企业通过建立用户反馈机制，积极听取用户的意见和建议，并加以改进，来不断地提升档案服务的质量和用户满意度。

参考文献

［1］张照余．档案信息化理论与实践 [M]. 北京：中国档案出版社，2007.

［2］黄亚军，韩国峰，韩玉红．现代档案信息化管理与建设研究 [M]. 长春：吉林人民出版社，2021.

［3］杨晓玲，张艳红，刘萍．档案信息化管理与建设研究 [M]. 长春：吉林人民出版社，2022.

［4］王辉，关曼苓，杨哲．大数据环境下档案信息化管理 [M]. 延吉：延边大学出版社，2018.

［5］毕然，严梓侃，谭小勤．信息化时代企业档案管理创新性研究 [M]. 北京：新华出版社，2022.

［6］林伟娟．档案信息化建设与档案管理的几点思考 [J]. 文化产业，2022（33）：16–18.

［7］刘舒晴，施秀平．公路工程建设项目电子档案质量管理问题研究 [J]. 兰台世界，2022（11）：36–41.

［8］于淑萍．档案信息化建设的必然性与可行性刍议 [J]. 兰台内外，2022（24）：77–78.

［9］张楠．新时期档案信息化建设的策略研究 [J]. 文化产业，2022（23）：25–27.

［10］何秀清．大数据战略背景下高校档案信息资源建设方向与路径探讨 [J]. 皖西学院学报，2022（2）：19–23.

[11] 李莹.关于企业科技档案信息化建设的思考[J].黑龙江档案,2022(1):111-113.

[12] 陈丽.信息化环境下文书档案管理流程的优化思考[J].黑龙江档案,2022(1):276-278.

[13] 于利梅.大数据背景下档案信息化发展的困境与出路[J].兰台世界,2022(2):45-48.

[14] 马生坤,陈莉,柴兴转.治理理论视角下企业档案共建共享模式探析[J].山西档案,2021(6):144-150.

[15] 张文娜."互联网,"背景下的档案信息化建设与档案管理[J].黑龙江人力资源和社会保障,2022(3):86-88.

[16] 杜梦唯.企业档案管理"三化"合一的困境与路径[J].兰台内外,2021(36):45-46.

[17] 高媛,任雅欣."互联网,"时代背景下大数据对企业档案管理工作的影响和思考[J].机电兵船档案,2021(6):51-53.

[18] 冯雅磊.企业档案信息化建设措施探究[J].城建档案,2021(11):48-49.

[19] 于海洋.基于大数据时代的企业档案信息化转型目标和策略[J].黑龙江档案,2021(5):126-127.

[20] 张琳.企业档案管理创新与管理服务模式改进措施[J].陕西档案,2021(5):56-58.

[21] 王强,杨文.治理现代化背景下企业档案机构设置及其运行研究:以中国石油为例[J].档案学研究,2021(5):45-51.

[22] 娄宇岚.信息化环境下企业档案管理与服务模式创新研究[J].办公室业务,2021(18):152-153.

[23] 谭征.加强企业档案资源开发及利用对策[J].现代企业,2021(9):45-46.

[24] 宋莹.企业档案文化建设的思考[J].机电兵船档案,2021(4):37-39.

[25] 王仁霞 . 改制企业档案信息化管理新思路：以襄阳市中小企业发展服务中心为例 [J]. 办公室业务，2021（10）：104，192.

[26] 盖风 . 新时代信息数据化背景下企业档案管理创新思考研究 [J]. 商讯，2021（11）：91–92.

[27] 韩阳，栗春，姜培 . 基于业务驱动的企业档案工作探析 [J]. 机电兵船档案，2021（2）：41–43.

[28] 陈新，张楠，王洪信 . 档案信息资源建设与共享平台构建研究 [J]. 科技广场，2020（5）：44–51.

[29] 李丹 . 新形势下档案信息资源建设途径分析 [J]. 黑龙江档案，2020（5）：67.

[30] 王强 . 企业档案工作数字化转型：实践探索与理论框架 [J]. 浙江档案，2020（9）：16–20.

[31] 黄晶云 . 基于知识管理的企业档案管理发展策略 [J]. 办公自动化，2020（17）：48–49，45.

[32] 王强 . 企业档案工作数字化转型：背景、方向与策略 [J]. 中国石油企业，2020（8）：69–72.

[33] 李霞 . 新时代信息数据化背景下企业档案管理创新策略分析 [J]. 城建档案，2020（3）：62–63.

[34] 陈中 . 大数据：档案信息资源建设的创新转向驱动 [J]. 兰台世界，2019（1）：68–71.

[35] 周晓芳 . 大数据环境下企业档案信息资源建设探究 [J]. 现代国企研究，2018（14）：20.

[36] 万恩德，李璐 . 企业数字档案室集成管理模式研究 [J]. 浙江档案，2017（10）：22–25.

[37] 赵彦昌，毛丽敏 . “互联网，”环境下档案信息资源建设若干问题研究 [J]. 档案学研究，2017（4）：31–35.

[38] 丛浩，吴美华 . 企业档案在信息化高速发展中的变革 [J]. 江苏通信，

2016（5）：37-39.

［39］李晓萌，任越．大数据背景下企业档案信息资源共建共享机制 [J]. 兰台世界，2016（12）：48-50.

［40］李忱，丁德胜．数字档案室建设体系构架 [J]. 黑龙江档案，2014（2）：29.

［41］何振，易臣何．企业档案信息集成的几个运营模式探讨与设计 [J]. 档案学通信，2013（4）：57-61.

［42］陈英．谈基础设施建设项目的档案管理 [J]. 广东科技，2013（8）：18-19.

［43］袁向红．信息集成系统下的企业档案工作 [J]. 山西科技，2008（3）：15-16.

［44］赵艳萍．电子信息技术与企业档案管理 [J]. 兰台世界，2006（8）：28.

［45］杜军．档案信息化建设与档案管理的思考 [J]. 黑龙江档案，2021（3）：166-167.

［46］窦冬梅，刘颖，邵飞．档案信息化建设模式探索 [J]. 城建档案，2020（10）：22-23.

［47］田雯．数字背景下科技档案信息化建设与管理 [J]. 科技创新导报，2020（18）：154-156.

［48］徐浩伦．大数据时代工程企业档案信息化建设探析 [J]. 中国管理信息化，2020（12）：190-191.

［49］斯尔格楞．关于档案信息化建设的几点思考 [J]. 兰台内外，2020（10）：11-12.

［50］呼艳萍．档案信息化建设的重要性及意义 [J]. 办公室业务，2020（7）：66，68.

［51］何亚楠．电力企业档案信息化项目管理研究 [D]. 西安：西安建筑科技大学，2019.

［52］汤男楠．企业档案信息化建设存在问题与对策研究 [D]. 合肥：安徽大学，2017.

[53] 张湉 . 知识管理背景下民营企业档案管理信息化建设研究 [D]. 南昌：南昌大学，2014.

[54] 和梦吉 . 企业档案信息化建设对策研究 [D]. 济南：山东大学，2012.

[55] 李佳妍 . 企业档案信息化探究 [D]. 昆明：云南大学，2010.